인생 첫
부동산
공부

청약부터 세금까지 50문 50답으로 완성하는

인생 첫 부동산 공부

전형진 지음

RHK
알에이치코리아

안녕하세요, 붇옹산입니다. 저는 불같은 부동산 상승장이 막 시작하던 초입이었던 2003년 초, 제 나이 이십 대 후반부터 부동산에 관심을 갖고 업계에 발을 들였습니다.

2000년대의 불같은 상승장에서, 부동산 가격 급등과 함께 발표된 수많은 부동산 대책들, 그로 인한 부동산 규제들을 실시간으로 보면서 그 대책이 미치는 영향들도 직접 경험할 수 있었죠. 그리고 2010년대를 맞이한 하락장에서, 그간 적용돼 오던 규제가 하나둘씩 풀린 것, 이후 얼어붙은 부동산 시장에 다시 온기를 돌게 하기 위해서 수요 촉진책들을 하나하나 도입하던 것까지 생각납니다.

그렇게 맞이한 2010년대 중반 이후 부동산 상승장에서 저는 시

추천의 글

5

장 참여자보다는 약간의 부동산 자산을 들고 있는 관람객 같은 느낌으로 시장 흐름과 정책 개입 등을 보고 있었는데요. 과거 2000년 대 상승장에서의 경험이 이러한 의사 결정의 바탕이 되었습니다.

상승장이 길어질수록 정부의 부동산 시장에 대한 규제는 심화되고, 부동산을 많이 보유할수록 부동산 정책은 부동산 가격 급등의 책임을 다주택자들에게 물어, 돈 나갈 곳은 늘어나지만 정작 도망갈 구멍까지도 막아서 고통스러웠던 경험이 떠올랐기 때문이죠.

때문에 이번 상승장에서의 저의 관심은 '얼마나 더 올라갈 것인가?'가 아니라, '상승장이 끝나고 이후 도래할 다음 단계에서 어떻게 버텨낼 것인가?'였기 때문에…… 매번 심화되는 촘촘한 부동산 규제들을 일일이 정리하고 공부하는 일은 개인적으로 관심사는 아니었습니다. 복잡하게 엉켜 있는 부동산 규제들과 정책들은 이전 텀에도 그러했듯, 부동산 시장의 변곡점이 오면 이후부터 하나씩 풀릴 것이고, 부동산 자산 리밸런싱은 그 흐름에 맞춰서 준비하면 된다고 생각했기 때문입니다.

그런데…… 이번 부동산 상승장에는 지난 2000년대 중반 참여 정부 시절의 부동산 규제책은 저리 가라 할 정도로, 훨씬 복잡하고 심화된 규제들이 도입되었습니다.

주택 청약 제도는 2000년대 중후반 시절과는 비교도 할 수 없을 정도로 복잡해지고 세분화됐으며, 재개발·재건축 등 도시 정비 사업은 재당첨 제한, 조합원 지위 양도 제한 등 미리 공부하고 준비하지 않으면 큰 낭패를 볼 수 있는 강한 규제들이 추가되었습니다. 부동산을 취득하고, 사용하고, 처분하는 일련의 과정들에서 발생하는 세금 문제는 한층 더 복잡해져서 투자자들을 가장 괴롭히는 고민거리가 되었죠.

아마 대부분의 사람이라면 이 모든 분야의 이슈들을 하나하나 꼼꼼히 정리하고 숙지하기보다는, 제가 그랬듯 자신에게 필요한 분야의 이슈만 찾아보고 말았을 것이라 생각합니다.

저는 이 책을 읽으며 '2022년 대한민국 부동산 투자 백과사전'을 읽고 있다는 느낌을 받았습니다.

전형진 기자가 쓴 이 책은 놀랍게도 이번 상승장에 있었던 수많은 부동산 규제 정책의 변화에 따라 복잡하게 꼬여 있는 2022년 현재 우리가 마주하고 있는 대한민국 부동산 투자 환경의 현실을 하나하나 소개하고 있습니다.

부동산 공부에 익숙하지 않은, 부동산 서적을 처음 접하는 분들께는 어쩌면 다소 딱딱하고 낯설고 어려운 내용일 수도 있겠지만, 지난 몇 년간 우리나라에 실제로 존재해 왔던 부동산 투자 현장의 기록들입니다. 어디서부터 어떻게 설명해야 할지 막막했을 이 방대한 이야기들을 청약, 매매, 도시 정비 사업, 세금의 범주로 나누어 최대한 보기 쉽게 정리하고자 노력했음을 발견할 수 있습니다.

이 책은 이 복잡한 부동산 이야기들을 분야별로 나누어 친절하게 설명하고 있습니다. 이는 기자로서 오랜 기간 부동산 분야를 담당하며 매 중요한 이슈마다 심도 깊게 취재하고 보도해 왔고, 유튜브 채널 〈집코노미TV〉를 통해 어려운 부동산 이야기들을 쉽고 재미있게 정리하여 영상을 제공해 오던 전형진 기자가 저자였기에 가능하지 않았나 생각해봅니다.

다만 한 가지, '이 멋진 책이 조금만 더 일찍 나왔더라면 정말 많은 분들께 큰 도움이 되었을 텐데' 하는 점이 무척 아쉽습니다.

2022년 들어 부동산 시장이 다소 안정화돼가는 모습을 보이고, 하반기 들어 일부 지역의 경우 급락에 가까운 거래 사례도 나오고 있는 상황이다 보니, 정부의 부동산 정책 또한 규제 일변도에서 점차 규제 완화로 돌아서고 있는 중이죠.

때문에 이 흐름이 이어진다면, 이 책에서 설명하고 있는 특정한 내용들은 향후 추가적으로 부동산 규제 완화가 적용되는 시점에서는 애써 찾아보지 않아도 될 지난 상승장에서의 기록이 될지도

모르겠습니다. 그래서 법과 제도를 다룬 책이 특히 쓰기 어려운가
봅니다.

그러나 역사는 반복되고, 부동산 정책도 반복된다는 것을 우리는
이번 시장에서도 배웠습니다.

훗날 시간이 지나 지금과는 다른 부동산 투자 환경의 시대가 되
었을 때, 과거 부동산 규제가 굉장히 복잡했던 2021~2022년의 부
동산 투자 환경은 대체 어땠길래 그러느냐고 묻는 이가 있다면 저
는 전형진 기자가 쓴 이 책을 한 권 쥐여주면서 공부해보라고 권하
고 싶네요.

이 책은 여러분들이 과거를 복기하기 위해, 미래에 다시 찾아서
읽어보아야 할 대한민국 부동산의 기록입니다.

2022년 11월, 강영훈(붇옹산)
네이버 카페 '부동산 스터디' 대표

부동산에 눈을 뜬다는 건 무척 중요한 삶의 과정 중 하나입니다. 우리의 생애 주기라는 건 어쩔 수 없이 부동산과 연결될 수밖에 없게 짜여 있으니까요. 아마도 삼십 대 언저리를 지나는 분들이라면 더욱 공감하시리라 생각합니다.

그런데 부동산을 체계적으로 가르쳐주는 곳은 마땅치 않습니다. 당장 어디서 뭐부터 배워야 하는 건지, 부동산부에 처음 배치되던 날 제가 느꼈던 당혹감은 이랬습니다. 다행히 기자라는 직업은 현재를 기록하고 과거를 공부하는 게 일입니다. 취재원을 만나고 귀동냥을 하면서 궁금증을 채워갔죠.

이 책은 앞으로 집값이 오르거나 떨어질 것이란 전망을 담고 있지는 않습니다. 투자로 부자가 되는 방법도 다른 고수 형님들이 더 많이 알고 있습니다. 그렇다고 투자 얘기가 아주 없진 않습니다만……

이 책은 부동산이란 세계가 궁금한 분들이 두고두고 읽어볼 만한 내용들로 채웠습니다. 이 세계의 처음부터 거의 끝까지, 최대한 쉽게, 그리고 체계적으로 담으려고 노력했습니다. 담당 기자로서 지낸 시간들에 대한 기록이기도 합니다. 누군가에겐 불편한 내용이 될 수 있지만 날것의 이야기를 곳곳에 남겨뒀습니다.

시장은 매일 변화합니다. 가격이 오르고 내리는 근거도 그때마다 바뀌죠. 하지만 이 세계를 이루고 있는 골격은 거의 바뀌지 않습니다. 제가 고민하고 눌러쓴 건 이 부분입니다. 아무것도 몰라 당혹스러웠던 과거의 제게 줄 수 있는 책이라면 좋겠습니다. 그리고 당신의 추운 겨울, 땔감이나 라면 받침이 될 수 있는 것만으로도 감사합니다.

2022년 겨울, 전형진

차 례

PART 1   청약

PART 2 　매매

PART 3   재개발 · 재건축 · 리모델링

PART 4 세금

PART 1

청약

돈이 없는데
청약해도 될까?

돈이 없는데 청약을 해도 되느냐고 누군가 묻는다면 이렇게 답해주자. 돈이 없기 때문에 청약을 하는 거라고.

집을 사는 방법은 여러 가지다. 중개업소를 통해 거래하는 게 가장 보편적이지만 청약을 노려 운 좋게 당첨되는 경우도 있다. 더 나아가서는 재개발 주택이나 재건축 아파트에 돈을 묻어 뒀다가 새 아파트로 돌려받기도 하고, 경매에 참가해 경쟁을 통해 내 집으로 만들기도 한다. 이 가운데 청약의 허들이 가장 낮다.

돈이 없어서 내 집 마련을 못 했는데 돈이 없으니 청약을 하라고? 이해하기 힘들겠지만 그렇다. 사실 우리가 앞으로 얼마간 조금

배고프게 산다고 해서 아파트 한 채 살 수 있을 만큼의 돈을 모으진 못한다. 그래서 실거주든 투자든 부동산을 사는 행위엔 레버리지(Leverage)*가 적극적으로 활용된다.

레버리지라는 표현이 낯설다면 신용 카드를 떠올려보자. 일단 필요한 만큼 가져다 쓰고 나중에 갚는다는 개념은 같기 때문이다. 나중에 못 갚으면 큰일 나는 것도 같다. 부동산을 살 때 신용 카드 역할을 해주는 건 대출일 수도 있고, 다른 사람의 돈일 수도 있다. 관건은 자신이 조달 가능한 자금이 얼마인지, 또 감당 가능한 부채는 얼마인지 정확하게 계산하는 일이다. 저금리의 시대가 막을 내린 현 상황에서 빚을 영혼까지 끌어모으는 일이 능사는 아니기 때문이다. 자본은 생각보다 빠르게 잠식된다.

아파트 청약은 레버리지를 이해하기 위한 좋은 교보재다. 그리고 가장 효율적인 내 집 마련 수단이자 투자 방법이다. 우선 대부분의 아파트는 시세보다 싸게 살 수 있다. 그리고 대금 납부도 숨 돌릴 여유가 있는 편이다. 길게는 3년이 넘는 공사 기간 동안 여러 차례에 나눠 납부한다. 게다가 새집이다.

물론 시세보다 저렴하다 해도 수억 원을 호가한다. 하지만 중요한 건 아파트의 전체 분양가가 아니다. 내가 실제로 내야 할 돈이다. 마음에 드는 아파트를 발견하면 이 계산을 가장 먼저 끝내야 한

● 부채를 활용해 자산을 매입하는 투자 방식. 지렛대를 이용할 경우 실제 힘보다 무거운 물건을 들 수 있기 때문에 부채 활용에 비유한다.

다. 겁먹지 말고 이번 장에선 원리만 살펴보자.

아파트 분양가는 10등분을 해서 계산하는 습관을 갖는 게 좋다. 예컨대 5억 원짜리 아파트라면 5천만 원씩 열 개로 쪼개서 생각하란 의미다. 통상 분양대금은 총 분양가의 10% 단위로 납부하기 때문이다.

아파트 분양대금은 계약금 → 중도금 → 잔금으로 세 단계에 나눠 납부하게 된다. 보통 당첨일로부터 한 달 안에 계약금을 낸 뒤 공사 기간 동안 중도금을 내고, 입주할 때 잔금을 내는 형태다.

이제부턴 숫자가 많이 나와 어지러우니 집중하자. 납부 비율은 계약금 20% → 중도금 60% → 잔금 20% 형태가 가장 흔하다. 5억 원짜리 아파트에 그대로 대입한다면 당첨 한 달 안에 1억 원의 계약금을 내야 한다는 의미다. 자신의 능력으로 감당 가능한 아파트인지는 이 단계에서 대부분 판가름된다. 당장 계약금조차 내기 버거운 단지라면 입주할 때까지 들고 갈 수 있을 가능성도 낮다.

분양 시장이 침체될 땐 계약금의 비중이 5~10%대로 내려가기도 한다. 초기 계약률이 높아야 시중 은행들이 해당 단지의 중도금 대

1-2 분양가 10등분 예시

출을 취급하기 때문이다. 계약금 비중이 10%로 책정된다면 중도금과 잔금 또한 60%, 30% 형태로 조정된다.

중도금은 보통 분양가의 60%로 고정되는 편이다. 4~5개월마다 총 분양가의 10%씩 여섯 차례에 나눠 납부하는 셈이다. 중요한 건 이 단계부터 대출을 끌어올 수 있다는 점이다. 앞서 강조한 레버리지를 활용하는 시점인 것이다. 물론 현금이 많다면 상관없다.

사실 대출이 가능한 범위는 지역별 규제 강도에 따라, 그리고 개인의 신용 조건에 따라 다르다. 하지만 간단히 개념만 짚어보기 위해 분양가의 50%까지 대출 한도가 책정된다고 가정해보자.

분양가의 50%라면 중도금 6회차 가운데 5회차까지 일단 대출로 충당 가능하다는 계산이 나온다. 마지막 한 차례의 중도금을 자납(현금 납부)하면 중도금 납부까지의 절차가 마무리되는 것이다. 계약금 20%와 중도금 마지막 6회차(10%)를 자납했으니 현금으로 나간 돈은 1억 5천만 원이다.

마지막 한 차례의 중도금을 마련할 여유가 되지 않는다면 납부 연체를 하는 경우도 있다. 중도금 대출 납부가 밀리면 경우에 따라선 계약이 해지되는데, 사실 마케팅 수단으로 중도금 연체를 용인해주는 단지들도 많다. 계약을 해제하고 다시 수분양자를 구하는 것보단 절차가 간단하기 때문이다.

중도금까지 다 냈다면 분양받은 아파트의 골조 공사는 거의 마무리됐을 시기다. 슬슬 입주도 다가올 것이다. 이제 잔금을 치를 때다. 잔금 단계부턴 시나리오가 크게 두 가지로 나뉜다.

1. 잔금 대출의 마법

우선 잔금도 대출을 일으킬 수 있다. 아파트 하나를 분양받아서 두 번이나 대출을 일으킨다니 쉽게 이해가 되지 않을 것이다. 대출로 대출을 막는 대환 대출의 개념이다. 그러니까 입주할 때가 돼서 잔금 대출을 일으켜 앞서 실행한 중도금 대출을 갚아버리는 식이다.

그런데 중도금 대출을 받을 땐 분양가를 기준으로 한도를 따졌었다. 하지만 잔금 대출은 입주할 때의 시세를 기준으로 계산하는 경우가 많다. 대출의 비율이 고정되더라도 담보의 가치가 변한다는 것이다. 집값이 상승하는 상황이라면 갑자기 한도가 늘어난다는 의미다. 물론 반대의 경우도 있지만······.

분양가 5억 원짜리 아파트의 시세가 입주할 때 7억 원이 됐다고 가정해보자. 이때 시세 대비 대출 한도 50%를 적용한다면 3억 5천만 원의 대출이 가능하다는 계산이 나온다. 중도금 대출을 받았던 돈 2억 5천만 원과 납부를 연체한 5천만 원을 갚을 수 있다. 그리고

시세 7억 원 × 50% = 잔금 대출 3억 5천만 원

잔금 대출 3억 5천만 원

  − (중도금 대출 2억 5천만 원 + 납부 연체했던 중도금 5천만 원)

  = 잔금 대출 잔액 5천만 원

잔금 1억 원 − 잔금 대출 잔액 5천만 원 = 내야 할 돈 5천만 원

도 5천만 원이 남는다. 잔금(20%)으로 내야 할 1억 원 가운데 절반은 이미 해결된 셈이다. 나머지 절반인 5천만 원은 자납한다고 해보자. 5억 원짜리 아파트를 분양받으면서 현금으로 부담한 비용은 얼마일까? 계약금 1억 원과 잔금의 절반인 5천만 원, 총 1억 5천만 원뿐이다.

물론 이 같은 계산엔 몇 가지 전제가 있다. 우선 부동산 가격이 우상향한다는 전제다. 그래야 잔금 대출 시점에 오른 담보 가치를 인정받을 수 있다. 둘째는 대출 규제의 범위를 벗어나지 않는다는 전제다. 뒤에서 자세히 다루겠지만 대출은 지역과 차주에 따라 다른 기준이 적용된다.

다만 준공 시점에 집값이 분양가보다 아래로 내려가는 경우도 발생할 수 있고, 금리가 높은 상황에서 대출 비중이 높아질 경우 원리금 상환 자체가 힘들어질 수 있다는 걸 유념해두자.

2. 세입자의 마법

잔금이 모자란다면 세입자를 들이는 방법도 있다. 잔금 일자인 입주 시점에 맞춰 전세로 들어올 세입자를 구한다면 그 보증금으로 잔금을 치를 수 있기 때문이다. 보증금 수준이 높다면 중도금 상환까지 충당될 테니 아예 잔금 대출을 받을 필요가 없게 되기도 한다. 극단적인 사례 같지만 부동산 상승기엔 입주 시점 전셋값이 같은 단지의 분양가를 앞지르는 경우가 빈번하게 나타난다. 분양가는 2~3년 전 가격이기 때문이다. 이 경우 원금이 회수되는 셈이다.

'내가 살 집에 세입자가 먼저 들어간다고?'라고 거부감을 갖는 경우도 있다. 명심하자. 내가 분양받은 아파트에 꼭 내가 살 필요는 없다. 사실 대부분의 수분양자는 그 아파트에 들어가 살기 어렵다. 돈이 모자라니까. 다만 내 명의의 아파트라는 자산이 생긴다. 적절한 시점에 매각 차익을 얻는다면 진짜 보금자리를 구하는 데 큰 도움이 될 것이다. 보유하는 동안 임대료가 오르면서 목돈을 조금 더 손에 쥘 수도 있을 테다.

이렇게 살펴보니 참 쉽다. 돈은 버는 게 어렵지 내는 건 쉽다. 낙관적인 사례를 들긴 했지만 분양받은 아파트에 자금을 조달하는 방법은 대체로 이를 크게 벗어나지 않는다. 부채 상환이 감당할 수 있는 범위라면 축적한 자산보다 비싼 집이라도 얼마든지 분양받을 수 있는 셈이다. 바로 이것이 돈이 없어도 청약을 할 수 있는 이유다.

꼭 알아야 하는 LTV와 DSR

1번 시나리오에선 분양가, 또는 시세의 50%를 대출받는 것으로 가정했다. 사실 주택 관련 대출엔 이중 규제가 있다. 지역이나 가격에 따라 다른 한도를 적용하고, 또 돈을 빌려가는 차주의 재정 상황에 맞춰 한도를 조정하는 식이다.

우선 지역이나 가격에 따른 한도 책정 방식을 LTV(Loan to Value Ratio)라고 한다. 한글로 풀어쓰면 담보 인정 비율이다. 해당 물건에 대해서 '담보 가치를 얼마만큼 인정해주겠다'라는 의미다. 1번 시나리오에선 분양가 5억 원짜리 아파트에 대해 LTV 50%를 가정했기 때문에 2억 5천만 원의 중도금 대출이 가능했던 것이다.

그런데 LTV는 지역별로 다른 요율이 적용된다. 여기서 '지역'이란 어떤 규제를 받는 곳인지에 대한 개념이다. 부동산 시장에선 세상을 네 가지 지역으로 구분한다. 아무 규제도 없는 곳부터 비규제 지역, 조정 대상 지역, 투기 과열 지구, 투기 지역이다. 조정 대상 지역부터 규제가

1-4 규제 지역별 LTV

구분	투기 과열 지구 / 투기 지역	조정 대상 지역	비규제 지역
서민 / 실수요자	70%	70%	70%
무주택 / 1주택(처분 조건)	50%	50%	70%(60%)
다주택	0%	0%	60%

※ 서민/실수요자는 부부 합산 소득 9천만 원 이하인 무주택 세대주이면서 투기 지역과 투기 과열 지구에선 9억 원 이하, 조정 대상 지역에선 8억 원 이하의 주택을 구입할 때 적용한다.

※ 생애 최초로 주택을 구매하는 경우 연령과 소득, 지역과 관계없이 LTV 80%를 적용한다. 단, 최대 대출 한도는 6억 원이다.

(출처: 금융위원회)

인생 첫 부동산 공부   26

시작돼 투기 과열 지구 등으로 올라갈수록 강도가 높아진다. 대출 한도가 줄어드는 것에서 눈치챘겠지만.

그런데 규제 지역은 시기별로 달라진다. 집값이 많이 오르면 지정되고 떨어지면 풀리는 식이다. 그래서 내가 취득하려는 부동산이 정확히 어떤 규제 지역에 속하는지 그때그때 확인하는 게 중요하다.

LTV보다 중요한 건 DSR(Debt Service Ratio)이다. 총부채 원리금 상환 비율이란 개념이다. 쉽게 얘기하면 내가 가진 모든 빚의 원금과 이자를 갚아나가는 비용이 소득 대비 어느 정도 수준이냐는 뜻이다.

DSR은 지역을 구분하지 않고 연소득의 40%를 적용한다. LTV를 기준으로 했을 때 담보 가치의 50%까지 대출이 가능하다고 하더라도 DSR로 봤을 때 40%를 넘어간다면 한도가 줄어드는 셈이다. 금리 인상기엔 자연히 한도가 줄어들도록 설계된 것이다. 그래서 LTV를 풀어준다고 해도 DSR이 늘어나지 않는다면 조삼모사다.

1-5 DSR 계산법

> **대출 원금 3억 원 ÷ 연소득 5천만 원 = 49.5%**

계산해보자. 연소득 5천만 원의 직장인이 3억 원을 금리 연 5%에 30년 만기, 원금 균등 분할 상환 방식으로 대출받는다면? 1년에 원리금을 상환하는 비용은 2,477만 원이다. DSR은 40%를 훌쩍 넘긴 49.5%가 된다. 대출이 안 된다는 이야기다.

소득이 증가하는 게 아니라면 다른 요인에 변화가 필요하다. 대출로 조달하려는 금액을 줄이거나, 금리를 낮추거나, 만기를 늘려야 한다. 같은 조건에서 조달 금액만 2억 4천만 원으로 줄인다면 DSR은 39.6%가 된다. 대출 심사를 통과할 수 있게 된 것이다.

DSR의 핵심은 '총부채'라는 단어에 있다. 돈을 빌리는 사람의 모든 대출을 합쳐 1억 원이 넘는다면 곧바로 적용이 된다. 예를 들어 주택 담보 대출을 7천만 원만 받으려고 한다면 DSR을 따지지 않고 대출을 실행할 수 있을 것 같지만, 기존에 신용 대출 3천만 원이 있었다면 합계 1억 원을 넘겨 DSR 규제 대상이 된다.

그리고 여기서 원리금 상환 비율을 계산할 땐 신용 대출을 얼마나 갚아나가는지도 따져야 한다. 자동차 할부 비용 같은 건 부채로 생각하지 않는 직장인이 많다. 집을 사기 위해 DSR을 따질 땐 이마저도 원리금 상환에 포함되기 때문에 내 대출 한도를 줄이는 요인이 될 수도 있다.

아무 집이나 세입자를 받을 수 있는 건 아니다

2번 시나리오에선 잔금이 모자랄 때 전세를 놓는 전략을 설명했다. 그런데 모든 아파트에 이 같은 전략 적용이 가능한 건 아니다. 어떤 아파트는 내가 직접 들어가 살아야 한다는 게 의무화돼 있기 때문이다. 그 아파트가 지어진 직후부터 말이다.

이게 분양가 상한제 아파트의 거주 의무다. 분양가 상한제를 적용해 주변보다 싸게 분양하는 대신 '엄한 사람 말고 분양받은 당신이 들어와 살아라'라는 의미다. 법에선 그 시점을 '최초 입주 가능일', 즉 준공된 직후로 규정하고 있다. 이런 아파트는 세입자의 마법이 불가능한 만큼 더 많은 자금을 조달해야 하는 셈이다.

그런데 머지 않아선 '최초 입주 가능일' 규정이 없어질 예정이다. 윤석열 정부 출범 이후 부동산 규제 완화의 일환으로 결정된 내용이다. 그러니까 당장은 세입자를 받았다가, 나중에 팔기 전에만 거주 의무 기간을 채워도 된다는 이야기다. 자금 조달 여력이 충분하지 않다면 이

1-6 분양가 상한제 거주 의무 기간 및 전매 제한 기간

택지 유형	인근 시세 대비 분양가 수준	전매 제한		거주 의무 기간
		투기 과열 지구	이외 지역	
공공 택지	100% 이상	5년	3년	—
	80~100%	8년	6년	3년
	80% 미만	10년	8년	5년
민간 택지	100% 이상	5년	—	—
	80~100%	8년	—	2년
	80% 미만	10년	—	3년

(출처: 국토교통부)

에 맞춰 청약 시점을 고민해볼 필요가 있다.

거주 의무는 분양가 상한제 아파트에만 적용된다. 다시 말해 일반적인 아파트엔 세입자의 마법이 가능하단 이야기다. 어떤 아파트에 상한제가 적용되고, 그런 아파트를 어떻게 구분할 수 있는지는 이 책에서 계속 함께 공부해보자.

청약 통장엔
얼마나 넣어야 할까?

　청약 통장엔 얼마나 오랫동안 돈을 넣어야 할까? 또 얼마를 넣어야 할까? 일단 요약하자면 만 17세부터 10만 원씩 넣는 게 가장 효율적이다. 많이 넣는 게 아깝다면 딱 600만 원까지만 채우자.

　내 집 마련 수단 중 청약이 가장 쉽다고 했지만 사실 제도는 어렵다. 다른 부동산 제도들과 비교하자면 쉬운 편이지만 그래도 어렵다. 그래서 조금만 공부하면 경쟁자들보다 우위를 점할 수 있는 게 청약 제도이기도 하다. 그리고 공평하다. 돈 많은 사람이나 잘생긴 사람이 먼저가 아니다. 우리는 모두 같은 룰에서 경쟁한다. 나의 카운터 펀치는 청약 통장이라고 생각하자.

청약 통장은 하난데 쓰임은 여러 가지다. 보통 여기서부터 혼란스러워한다. 과거엔 여러 가지 종류의 통장이 있었지만 모두 주택청약종합저축으로 합쳐졌다. 나라에서 파는 아파트와 민간에서 파는 아파트, 두 가지에 하나의 통장을 쓴다.

나라에서 파는 아파트는 '얼마나'를 본다. 통장에 얼마나 오랫동안 부지런히 돈을 넣었느냐다. 민간에서 파는 아파트는 '얼마냐'를 본다. 통장에 얼마 있느냐는 것이다.

뭔가 이상하다고 느꼈겠지만 선행 학습은 하지 말자. 다 설명할 예정이다. 이제 조금 난도를 높여보자. 나라에서 내놓는 아파트는 국민주택이다. 임대도 있고 분양도 있다. 우리는 분양만 보기로 하자. 나라에서 파는 아파트를 공공분양이라고 부른다. 민간에서 파는 아파트는 민간분양이라고 부르자.

1. 공공분양

공공분양은 '얼마나'를 본다고 했다. 정확히는 얼마나 오랫동안, 그리고 얼마나 많이 넣었느냐를 본다. 이게 어떤 개념이냐면, 당첨자를 뽑을 때 돈을 가장 많이 넣은 사람을 뽑는다. 어떤 아파트 커트라인이 1천만 원이다, 2천만 원이다, 이런 뉴스를 본 적 있을 것이다. 1천만 원, 2천만 원을 넣은 사람이 겨우 당첨됐다는 의미다.

그럼 3천만 원을 일시불로 넣은 사람은 새 아파트 문을 부수고

들어갈 수 있을까? 여기서 '얼마나 오랫동안'이라는 개념이 작동한다. 한 달에 최대 10만 원까지만 인정하기 때문이다. 다시 말하자면, 한 달에 10만 원씩 얼마나 오랫동안 넣은 사람이냐, 그렇게 해서 얼마나 모았냐, 이 두 가지를 따진다는 것이다.

앞서 커트라인 2천만 원의 진짜 의미는 10만 원씩 200개월을 넣어서 2천만 원을 만든 사람이 턱걸이로 당첨됐다는 것이다. 그렇다면 1천만 원을 일시불로 때려 넣는다면? 바보짓이다. 1천만 원 중 10만 원만 1회차 불입액으로 인정되기 때문이다.

그런데 종종 2만 원만 넣어도 된다는 얘기를 듣기도 했을 것이다. 은행 직원들도 실적을 쌓아야 하기 때문이다. 매달 10만 원씩 넣으라고 하면 통장 개설도 안 할 것 같으니 최소 불입액인 2만 원씩만 넣어도 된다고 유혹하는 경우가 대부분이다. 다시 강조하지만 최대로 인정해주는 불입액은 월 10만 원이다.

비교해보자. 2만 원씩 10년, 120개월을 넣으면 10억 원짜리 아파트에 청약할 수 있는 거금 240만 원이 모인다. 하지만 10만 원씩 10년을 모았다면 1,200만 원이 된다. 두 사람이 당첨을 놓고 경쟁한다면 누가 이길까? 답은 뻔하다.

이렇게 최대 한도 10만 원이 정해져 있기 때문에 청약 통장은 하루라도 빨리 만들어서 돈을 붓기 시작하는 게 좋다. 그런데 이렇게 누가 먼저를 경쟁하다 보면 자녀가 초등학생 때 만들어줘도 되나고 묻는 경우가 있다. 만드는 건 자유다. 그런데 만 19세 이전 불입한 돈에 대해선 최대 24개월까지만 인정된다. 역산하면 만 17세부터 넣어야 손실 없이 인정된다는 것이다. 서두에 가장 높은 효율을 위해선 만 17세부터 10만 원씩 넣자고 한 이유다. 이 친구가 33~34세가 돼서 결혼할 때쯤엔 2천만 원짜리 통장이 만들어지는 셈이다. 청약 시장에선 어깨에 힘 좀 주고 다닐 수 있다. 사십 대까지 불입을 계속한다면 거의 깡패 수준의 힘을 발휘하게 된다.

2. 민간분양

여기까지는 공공분양의 이야기다. 이제 민간분양을 짚어보자. 민간분양은 '얼마냐'를 본다. 다음 표는 아파트 면적대별로 통장에 최소 이만큼만 있으면 된다는 의미다. 이때 지역은 아파트가 지어지는 곳이 아니라 자신의 거주지 기준이다. 예치금은 청약하려는 아파트의 입주자 모집 공고가 나기 전날까지 입금해야 한다.

그런데 앞서 우리가 통장에 1천만 원을 한 번에 때려 박은 사람

1-7 민간분양 아파트의 면적별 청약 예치금

전용 면적	특별시 및 부산광역시	기타 광역시	기타 지역
85m² 이하	300만 원	250만 원	200만 원
102m² 이하	600만 원	400만 원	300만 원
135m² 이하	1,000만 원	700만 원	400만 원
모든 면적	1,500만 원	1,000만 원	500만 원

(출처: 국토교통부)

에 뭐라고 했는가? 바보짓이라고 놀렸다. 사과하자. 민간분양에서 1천만 원이면 서울과 부산 거주 기준 전용 면적 $135m^2$ 초과 주택형을 제외하고 어디든 청약이 가능하다.

다만 이렇게 일시불로 큰 금액을 불입하더라도 공공분양에선 소용없다. 결국 가장 효율이 좋은 건 그냥 10만 원씩 오래 넣는 것이다. 300만 원을 채우는 순간 서울에서 민간분양 도전이 가능해지고, 쌓일수록 다른 면적대도 노릴 수 있어서다.

그런데 견물생심, 통장에 목돈이 들어가 있으면 급전이 필요할 때 자꾸 눈에 들어온다. 목돈이 묶여 있으면 유동성이 막힌다는 생각을 하는 이들도 있다. 그런 사람들에게 가장 효율이 좋은 금액은 600만 원이다. 그 이상은 당연히 여유가 되면 넣을수록 좋다.

3. 특별공급

앞서 공공분양의 당첨자는 얼마나 오랫동안, 얼마나 많이 넣었는지를 본다고 했다. 그런데 이건 일반공급의 경우다. 앞으로 자세히 설명하겠지만 아파트의 공급 방식은 특별공급과 일반공급, 두 가지로 나뉜다. 공공분양에선 물량의 80%가 특별공급으로 나온다.

그런데 특별공급은 별도의 자격이 존재하지 누가 통장에 얼마나 오래 넣었는지를 따지지는 않는다. 예외적으로 공공분양의 생애 최초 특별공급에 대해서만 600만 원 이상의 기준을 두고 있다. 다시 말해서 모든 유형의 특별공급에 찔러볼 수 있으려면 통장에 최소 600만 원이 갖춰져야 한다는 것이다. 최소한의 세팅이란 의미다.

이런 고민을 하는 이들도 있다. 통장을 만든 지 10년이 지났는데 10만 원씩 10번만 불입하고 말아서 100만 원이 전부다. 나머지 500만 원을 채우려면 50개월 동안 10만 원씩 나눠서 넣어야 할까?

아니다. 한 번에 된다. 청약 통장은 적금처럼 매달 꾸준히 넣는 게 중요하지만 가입 후 불입 회차를 누락했다면 나중에 만회할 수 있다. 입금할 때 옵션으로 납입 횟수를 고를 수 있다. 예를 들어 100만 원을 입금하면서 이 달치 10만 원＋지난 9개월치 90만 원을 나눠서 불입하도록 정할 수 있다는 것이다. 쉽게 말해 밀린 돈을 나중에 막는 개념이다. 다만 이 같은 불입 방법은 반영하는 데 시간이 다소 걸린다. 원하는 아파트의 입주자 모집 공고가 나오기 전까지 딱 맞춰 반영되지 않을 수 있기 때문에 미리미리 준비해야 한다.

TIP

돈이 모자랄 땐 어떻게 할까?

당장 청약 통장에 불입하기 어려운 형편이라면 어떻게 해야 할까? 이 땐 2만 원씩이라도 넣는 것보다 아예 회차를 거르는 게 유리하다. 나중에 형편이 될 때 누락된 회차×10만 원 형태로 넣으면 그동안 거른 회차가 꽉꽉 채워지기 때문이다. 당장 돈이 모자란다고 해서 2만 원씩 넣는다면 부족분 8만 원을 나중에 추가로 채울 수 없게 된다. 회차는 회차대로 채워지고 금액 경쟁에선 밀릴 수밖에 없는 셈이다.

내겐 어떤
청약 방식이 유리할까?

청약 공부의 핵심은 내게 어떤 유형이 가장 유리한지 파악하는 것이다. 여러 유형 가운데 내게 해당되지 않는 것을 제외하는 소거법으로 접근하자. 인생에 큰 변화가 없는 한 같은 유형으로 계속 찔러보게 될 것이기 때문이다.

이번 편은 어렵다. 하지만 청약의 거의 전부다. 청약과 관련된 나머지 이야기들은 결국 여기서 파생하는 분석일 뿐이다.

아파트 청약은 크게 두 가지로 나뉜다. 임대 아파트와 분양 아파트다. 우리는 내 집 마련을 위해 분양을 살펴보고 있으니 임대는 논외로 하자. 분양은 다시 공공분양과 민간분양으로 갈라진다. 지난

편에서 살펴봤지만 나라가 파는 아파트를 공공분양이라 부르는데, 정확히는 나라가 아니라 LH(한국토지주택공사)나 SH(서울주택도시공사), GH(경기주택도시공사) 같은 공공기관이 파는 아파트다. 어쨌든 공공의 성격이 있기 때문에 공공분양이다. 민간분양 아파트는 당연히 민간이 파는 아파트다. 공공과 민간이 섞인 민간 참여형 공공분양도 있다. 이땐 뒤에 붙은 공공분양이 핵심이다. 민간의 자본을 끌어들여 공공분양을 한다는 의미기 때문이다.

공공분양이든 민간분양이든 청약자를 모집하는 방식은 같다. 크게는 특별공급과 일반공급으로 나뉜다. 특별공급에는 신혼부부, 생애 최초, 다자녀 등의 유형이 있다. 공공분양은 전체 물량의 80%가량을 특별공급에 배정하는데, 청약자 입장에선 이 자격에 해당되는지가 중요하다. 독자들 대부분은 자신이 특별하지 않다고 생각하고 있더라도 공공분양에선 특별하게 분류된다. 일반공급은 앞에서 살펴본 통장 불입액을 따진다.

민간분양은 공공과 달리 특별공급 물량이 50% 정도 배정된다. 일반공급의 경우엔 지역과 면적에 따라 가점제와 추첨제의 비율을

신혼부부
생애 최초
다자녀
노부모 부양
기관 추천
특별공급
일반공급
공공분양

신혼부부
생애 최초
다자녀
노부모 부양
기관 추천
특별공급
일반공급
민간분양

1-9 공공분양과 민간분양

달리한다.

　중요한 건 공공분양과 민간분양의 당첨자 선정 방식이 다르다는 점이다. 같은 유형이어도 당첨자를 뽑는 건 다르다. 예컨대 필자는 민간분양에서의 생애 최초 특별공급엔 도전할 수 있지만 공공분양의 생애 최초는 불가능하다. 혼자 살기 때문이다.

　다음의 내용으로 공부한다면 자신이 어느 유형에 청약하는 게 가장 유리한지 파악하기 어렵지 않다. 우선 관심을 가진 아파트가 공공분양인지 민간분양인지를 알아야 한다. 그리고 유형별 특별공급에 자신이 해당되는지 체크해보자.

1. 특별공급

① 신혼부부

1-10 신혼부부 특별공급 조건 비교

구분	공공분양	민간분양
청약 통장 가입 기간	6개월, 불입 6회 이상	6개월 이상
세대주 요건	X	X
소득 요건	100~140%	100~160%
자산 요건	O	△ (소득 기준 160% 초과 시 적용)
대상	혼인 7년 이내 무주택 신혼부부, 예비 신혼부부, 한부모 가족	혼인 7년 이내 무주택 신혼부부
당첨자 선정 방법	우선공급(70%) 외벌이 기준 소득 100% 이하 ▶ 경쟁 시 1순위와 2순위를 구분함 1순위: ① 미성년 자녀 ② 혼인 외의 자녀 ③ 6세 이하 자녀가 있는 부부 2순위: ① 예비 신혼부부 ② 1순위에 해당하지 않는 신혼부부 ▶ 순위 내 경쟁 시 지역 거주자 우선 ▶ 순위 내 지역 거주자 경쟁 시 가구 소득, 자녀 수, 해당 지역 연속 거주 기간, 청약종합저축 납입 횟수, 혼인 기간 등에 따른 가점의 다득점순 ▶ 순위 내 가점 경쟁 시 추첨으로 당첨자 선정 잔여공급(30%) 외벌이 기준 소득 130% 이하, 우선공급 낙첨자 ▶ 경쟁 시 1순위와 2순위를 구분함 ▶ 순위 내 경쟁 시 지역 거주자 우선 ▶ 순위 내 지역 거주자 경쟁 시 추첨으로 당첨자 선정	우선공급(50%) 외벌이 기준 소득 100% 이하 일반공급(20%) 외벌이 기준 소득 140% 이하, 우선공급 낙첨자 잔여공급(30%) 기준 소득을 초과하더라도 부동산 자산 기준 충족하는 자, 일반공급 낙첨자 대상 추첨으로 당첨자를 선정 ▶ 우선공급과 일반공급에서 경쟁 시 1순위와 2순위를 구분함 1순위: 자녀가 있는 자 2순위: 1순위에 해당하지 않는 자 ▶ 순위 내 경쟁 시 지역 거주자 우선 ▶ 순위 내 지역 거주자 경쟁 시 미성년 자녀 수 순으로 우선 ▶ 순위 내 미성년 자녀 수 경쟁 시 추첨으로 당첨자 선정

※ 소득 요건은 전년도 도시 근로자 가구당 월평균 소득 기준 　　　　　　　(출처: 국토교통부)

표가 빽빽하지만 정신 차리고 잘 보자. 구체적인 요강을 다 외울 필요는 없다. 어차피 다 외워지지도 않는다. 나중에 청약하려는 아파트 입주자 모집 공고에 다 적혀 있을 테니 그때 다시 확인하자. 지금 중요한 건 프로세스를 이해하는 것이다.

같은 신혼부부 특별공급이더라도 공공과 민간의 소득과 자산 요건이 다르다. 앞으로 공공과 민간은 여기서 계속 차이가 날 것이다. 보통 공공이 다소 타이트하고 민간은 기준이 널널하거나 없다. 소득의 퍼센트는 도시 근로자 평균 소득 대비 몇 퍼센트냐는 의미다. 자산은 부동산가액이 얼마를 넘으면 안 된다거나 비싼 차를 타면 안 된다는 개념이다.

가장 중요한 건 청약 대상이다. 언제까지를 신혼으로 인정할까? 혼인 7년 이내다. 재혼도 될까? 된다. 물론 재혼한 두 사람 모두 자신의 명의론 특공 당첨 이력이 없어야 하는 조건이 있다.

공공과 민간의 대상이 거의 똑같아 보이지만 예비 신혼이라면 공공에서만 되고 민간에선 안 된다. 물론 예비 신혼은 나중에 그 사람과 정말 결혼했는지를 증명해야 된다.

당첨자는 어떻게 뽑을까? 특별공급은 소득을 기준으로 물량을 배정한다. 앞의 표 1-10을 보자. 우선공급이라고 해서 물량의 70%를 배정했다. 누구에게 배정했나? 외벌이 기준으로 도시 근로자 소득 100% 이하 구간인 가구에게 배정했다. 만약 맞벌이 가구라면 120%까지 인정된다. 맞벌이 부부의 소득 기준을 조금 더 높게 쳐주는 건 모든 청약 유형의 공통 사항이다.

이렇게 소득 100% 이하를 10명 뽑는데 11명이 지원한다면 경쟁이 발생한다. 이때 1순위와 2순위를 나누는데 1-10처럼 자녀가 있는 집이 우선한다. 자녀가 어릴수록 유리하다. 만약 예비 신혼이라면 이때 2순위로 분류되기 때문에 살짝 불리해진다.

각 순위 안에서 다시 경쟁이 발생하면 해당 지역 거주자가 우선한다. 여기서 또 경쟁하면 별도의 가점을 따진다. 가점 항목에도 자녀 수가 있다. 또 경쟁하면 이젠 추첨으로 간다. 이렇게 긴 이야기가 겨우 우선공급 70% 물량의 낙첨자 선성에 대한 과정이다.

만약 우선공급에서 떨어진다면 잔여공급 30%로 넘어간다. 애초소득 100%를 넘는 사람들은 여기 해당된다. 이들끼리 다시 비슷한 방법으로 경쟁하는 것이다. 이게 특별공급의 당첨자 선정 기본 프로세스다. 고민할 필요는 없다. 어차피 자신이 계산할 거 하나 없이 모두 자동으로 이뤄진다. 떨어지는 것도 자동이다.

이번엔 민간을 보자. 민간 또한 소득에 따라 우선공급, 일반공급, 잔여공급의 물량을 다르게 배정한다. 경쟁 방식은 공공과 비슷하다. 자녀가 있는지 따지고, 그 동네 사는지를 묻고, 미성년 자녀가 있는지를 본다. 이렇게 해서도 조건이 같으면 추첨이다. 공공과 차이가 있다면 별도의 가점을 따지진 않는다는 점이다.

공공과 민간의 신혼부부 특별공급을 비교해보니 어떤가? 소득, 자산, 예비 신혼 부분이 가장 크게 다르다. 가점의 유무도 차이점이다. 하지만 공통점도 있다. 일단 어린아이가 있으면, 그리고 많으면 유리하다.

② 생애 최초

1-11 생애 최초 특별공급 조건 비교

구분	공공분양	민간분양
청약 통장 가입 기간	24개월, 불입 24회 이상(600만 원 이상)	24개월 이상
세대주 요건	O	X
소득 요건	100~130%	130~160%
자산 요건	O	△ (소득 기준 160% 초과 시 적용)
대상	주택 소유 이력이 없는 상태로 현재 본인이 혼인 중이거나 또는 미혼이지만 자녀가 있는 무주택자	주택 소유 이력이 없는 상태로 현재 본인이 혼인 중이거나 또는 미혼이지만 자녀가 있거나 1인 가구인 무주택자(단독 세대인 1인 가구는 전용 면적 60㎡ 이하만 청약 가능)
당첨자 선정 방법	우선공급(70%) 외벌이 기준 소득 100% 이하 ▶ 경쟁 시 지역 거주자 우선 ▶ 지역 거주자 경쟁 시 추첨으로 당첨자 선정 잔여공급(30%) 외벌이 기준 소득 130% 이하, 우선공급 낙첨자 ▶ 경쟁 시 지역 거주자 우선 ▶ 지역 거주자 경쟁 시 추첨으로 당첨자 선정	우선공급(50%) 외벌이 기준 소득 130% 이하 일반공급(20%) 외벌이 기준 소득 160% 이하, 우선공급 낙첨자 잔여공급(30%) 기준 소득은 초과하더라도 부동산 자산 기준 충족하는 자, 일반공급 낙첨자, 1인 가구 대상 추첨으로 당첨자를 선정 ▶ 경쟁 시 지역 거주자 우선 ▶ 지역 거주자 경쟁 시 추첨으로 당첨자 선정

※ 소득 요건은 전년도 도시 근로자 가구당 월평균 소득 기준   (출처: 국토교통부)

이번엔 생애 최초 특별공급이다. 소득, 자산 요건은 앞서 본 신혼부부 특별공급처럼 공공과 민간에 차이가 있다. 공공 같은 경우 청약 통장에 600만 원이 있어야 한다. 앞에서 600만 원 채우는 걸 목표로 하자고 한 이유다. 청약 통장에 목돈을 두기 아깝다면 최소한 이렇게만이라도 하자는 의미다.

대상을 살펴보면 '주택 소유 이력이 없는 무주택자'가 핵심이다. 그냥 무주택이 아니라 집을 샀던 경험 자체가 없어야 한다. 이게 생애 최초의 의미다. 그런데 공공의 대상을 다시 보면 '현재 본인이 혼인 중이거나 미혼인데 자녀가 있는 사람'이라고 나온다. 의역하자면 혼자 사는 사람은 안 된다는 것이다.

당첨자 선정 방식은 신혼부부 특별공급과 비슷하다. 우선 소득 기준으로 물량을 나눈 다음 여기서 경쟁하면 지역 거주자가 우선한다. 그 안에서도 경쟁하면 아예 추첨으로 당첨자를 뽑는다.

그런데 민간을 보면 대상이 추가됐다. 1인 가구다. 잘 읽어보면 단독 세대는 전용 면적 $60m^2$ 이하 주택형만 청약이 가능하다. 그런데 1인 가구라면 보통 동거인이 없는 단독 세대다. 그래서 우리는 기억하기 쉽게 이렇게 정리하자. 1인 가구는 민간 생애 최초 소형만 가능하다고.

그렇다고 1인 가구가 당첨에 유리한 건 아니다. 민간도 당첨자를 뽑을 때 소득 기준으로 세 번 필터링을 하는데, 1인 가구에는 여기서 마지막 30% 물량만 배정된다. 그러니까 남들 다 먹고 남은 물량을 두고서 경쟁하는 셈이다.

③ 다자녀

구분	공공분양	민간분양
청약 통장 가입 기간	6개월, 불입 6회 이상	6개월 이상
세대주 요건	X	X
소득 요건	120%	X
자산 요건	O	X
대상	자녀가 3명 이상인 무주택자	자녀가 3명 이상인 무주택자
당첨자 선정 방법	▶ 경쟁 시 지역 거주자 우선 ▶ 지역 거주자 경쟁 시 미성년 자녀, 영유아 자녀, 세대 구성, 무주택 기간, 해당 지역 거주 기간, 청약 통장 가입 기간 등에 따른 가점의 다 득점순 ▶ 가점 동점 시 미성년 자녀 수가 많은 자 우선, 미성년 자녀 수가 같을 경우 연령이 많은 자 우선으로 당첨자 선정	▶ 경쟁 시 지역 거주자 우선 ▶ 지역 거주자 경쟁 시 미성년 자녀, 영유아 자녀, 세대 구성, 무주택 기간, 해당 지역 거주 기간, 청약 통장 가입 기간 등에 따른 가점의 다 득점순 ▶ 가점 동점 시 미성년 자녀 수가 많은 자 우선, 미성년 자녀 수가 같을 경우 연령이 많은 자 우선으로 당첨자 선정

※ 소득 요건은 전년도 도시 근로자 가구당 월평균 소득 기준 　　　　　(출처: 국토교통부)

다자녀는 공공과 민간의 기준이 소득, 자산 요건만 빼고 거의 똑같다. 자녀가 기본 3명 이상일 때부터 대상이 된다. 아이를 많이 낳지 않는 시대인 만큼 조건을 갖추는 것 자체가 어렵다.

경쟁이 발생하면 지역 거주자가 우선한다. 다시 경쟁하면 별도의 가점을 따지는데, 이때 어린 자녀가 많을수록 점수가 높아지는 구조다. 총 100점 가운데 미성년 자녀 수에 40점이 배정되기 때문이다. 미성년 자녀는 3명 이상일 때 30점, 4명이면 35점, 5명 이상이면 40점이 된다. 영유아 자녀 수도 3명, 15점까지 배정됐다. 종합하면 어린아이가 많을수록 유리하다는 것이다.

가점의 세대 구성은 집에 몇 대가 함께 사느냐를 따지는 것이다. 아이들과 청약자 부부, 그리고 자신이나 배우자의 부모님까지 3대가 함께 살면 점수를 준다. 그런데 짜다. 5점뿐이다. 무주택 기간은 20점 만점인데 기간별 간극이 크다. 10년 이상일 때 20점, 5년 이상일 때 15점이다. 해당 지역 거주 기간에 대한 가점도 간극이 큰 편이다.

그런데 중요한 건 주변 지역에 거주하더라도 광역으로 이를 인정받는다는 점이다. 예를 들어 경기도 광명에서 분양하는 아파트의 다자녀 특별공급에 서울 사람이 청약하더라도 해당 시도 거주 기간을 인정받는다. 이게 다자녀 특별공급의 특징이다.

점수까지 다 똑같아서 경쟁한다면 그땐 아이들 많은 집이 우선한다. 이마저도 같다면 청약한 사람의 나이가 많은 집이 우선이다. 장유유서, 찬물도 위아래가 있다.

다자녀는 조건의 어려움 때문에 미달이 굉장히 많이 나는 유형이다. 잘만 노리면 무혈입성할 수도 있다. 다만 중소형 면적대에 배정되는 물량도 상당하다. 다자녀 특별공급은 다른 유형과 비교해 주택 면적에 민감할 수밖에 없다. 최소 4~5인 가구인데 소형 면적대에 청약한다면 자칫 집이 너무 좁게 느껴질 수 있어서다.

④ 기관 추천

1-13 기관 추천 특별공급 조건 비교

구분	공공분양	민간분양
청약 통장 가입 기간	6개월, 불입 6회 이상	6개월 이상
세대주 조건	X	X
소득 요건	X	X
자산 요건	X	X
대상	각 기관 요건에 따름	각 기관 요건에 따름
당첨자 선정 방법	각 기관 요건에 따름	각 기관 요건에 따름

※ 일부 기관 추천 유형의 경우 청약 통장 조건을 충족하지 않아도 청약 가능   (출처: 국토교통부)

　기관 추천은 장애인, 국가 유공자, 장기 복무 군인, 중소기업 근로자 등을 위한 유형이다. 해당 기관에서 추천서를 받아 특별공급 날짜에 맞춰 청약한다. 각 기관은 추천을 위해 홈페이지에 어떤 아파트가 청약 예정인지 미리 공고한다. 이 공고를 통해 아파트 분양 일정을 미리 가늠할 수도 있다. 물론 기관별 추천 방식은 다르다.

　중소기업 근로자 추천이 대표적인 기관 추천 특별공급 유형이다. 서울의 경우 비인기 아파트도 추천서 한 장에 150명 정도 몰린다. 별도의 가점 체계도 존재하는데, 110점 만점에 60~70점대가 커트라인이다. 지금까지 만점은 없었다고 한다. 110점 가운데 75점이 재직 기간이기 때문이다. 직급이 대리, 과장급이라면 인기 지역에선 추천서를 받는 것조차 힘든 구조다.

⑤ 노부모 부양

1-14 노부모 부양 특별공급 조건 비교

구분	공공분양	민간분양
청약 통장 가입 기간	24개월, 불입 24회 이상	24개월 이상
세대주 요건	O	O
소득 요건	120%	X
자산 요건	O	X
대상	만 65세 이상 직계존속을 3년 이상 부양하고 있는 무주택자	만 65세 이상 직계존속을 3년 이상 부양하고 있는 무주택자
당첨자 선정 방법	▶ 경쟁 시 지역 거주자 우선 ▶ 지역 거주자 경쟁 시 3년 이상의 무주택자이면서 저축 총액이 많은 자 우선 ▶ 조건부 저축 총액 경쟁 시 저축 총액이 많은 자 우선 ▶ 저축 총액 경쟁 시 추첨으로 당첨자 선정	▶ 경쟁 시 지역 거주자 우선 ▶ 지역 거주자 경쟁 시 민간분양 일반공급 가점의 다득점순 ▶ 가점 경쟁 시 추첨으로 당첨자 선정

※ 소득 요건은 전년도 도시 근로자 가구당 월평균 소득 기준   (출처: 국토교통부)

효자 전형이다. 노부모 부양은 만 65세가 기준이다. 부모님을 모시는지 안 모시는지만 따진다. 그러니까 효자냐 아니냐를 보겠다는 것이다. 여기서 부모님은 배우자의 직계존속도 포함된다. 경쟁이 발생했을 때 당첨자 선정 방식은 공공이든 민간이든 후술할 일반공급과 비슷하다.

2. 일반공급

1-15 일반공급 조건 비교

구분	공공분양	민간분양
청약 통장 가입 기간	24개월, 불입 24회 이상 - 1순위 청약 통장 소지자 - 2순위	24개월 이상 - 1순위 청약 통장 소지자 - 2순위
세대주 요건	△ (1순위일 경우 필요)	△ (지역의 규제 강도별 상이)
소득 요건	△ (전용 면적 60m² 이하 주택형일 경우 외벌이 기준 100% 이하 적용)	X
자산 요건	△ (전용 면적 60m² 이하 주택형일 경우 적용)	X
대상	무주택자	만 19세 이상 또는 세대주인 미성년자 이면서 주택형의 전용 면적별 예치 기준 금액을 충족한 자
당첨자 선정 방법	1순위 ▶ 경쟁 시 지역 거주자 우선 ▶ 지역 거주자 경쟁 시 3년 이상의 무주택자이면서 저축 총액이 많은 자 우선 ▶ 조건부 저축 총액 경쟁 시 저축 총액이 많은 자 우선 ▶ 저축 총액 경쟁 시 추첨으로 당첨자 선정 2순위 ▶ 1순위에서 경쟁 시 2순위 미접수, 1순위 미달 시 2순위 접수해 추첨으로 당첨자 선정	1순위 가점제와 추첨제를 동시 적용하나 지역의 규제 강도별로 비율을 달리함 ▶ 가점제 낙첨자는 추첨제로 다시 경쟁 2순위 ▶ 추첨으로 당첨자 선정

※ 소득 요건은 전년도 도시 근로자 가구당 월평균 소득 기준 (출처: 국토교통부)

아파트 청약은 특별공급, 일반공급 1순위, 일반공급 2순위의 접수 날짜가 다르다. 특별공급을 먼저 진행하고 미달된 물량이 있으면 일반공급 물량에 이를 보태서 1순위 청약을 진행한다. 만약 1순위에서도 미달이 나면 2순위에서 추첨을 진행한다. 여기서 일반공급의 1, 2순위를 따지는 기준은 청약 통장만 갖고 있냐, 다른 조건들도 갖췄느냐를 본다.

앞서 살펴본 특별공급이 대입 특기자 전형과 비슷하다면 일반공급은 정시에 가깝다. 정시에선 누가 우선하는가? 점수 높은 친구들이다. 공공과 민간 모두 나름의 점수 체계가 있다. 공공은 청약 통장에 얼마나 오랫동안 많이 넣었는지가 점수˙다. 지난 편에 설명했던 내용이다. 그래서 만 17세에 통장을 만들어 매달 10만 원씩 오래 넣는 게 가장 유리하다는 것이다.

공공의 1순위에서 경쟁이 벌어지면 일단 지역 거주자를 우선한다. 그리고 나서 통장에 오랫동안 돈을 많이 넣은 사람을 뽑는데, 일단 청약일 기준 3년 이상 무주택 신분이어야 한다. 다시 말해 집을 판 지 얼마 안 된 무주택자는 일단 뒤로 밀린다는 것이다. 여기서도 경쟁이 발생하면 청약 저축 총액만 따진다. 그다음은 추첨이다. 인기 지역의 인기 아파트는 추첨까지 가는 경우가 드물다. 그래서 통장에 얼마나 부지런히 넣었느냐에서 당락이 갈라진다.

민간분양의 일반공급에선 대망의 가점이 등장한다. 흔히 말하는 청약 가점이다. 물론 모든 물량에 대해 가점이 적용되는 건 아니다. 지역별, 주택의 면적에 따라 가점제 적용 비율이 달라진다. 가점제가 아닌 물량은 추첨제다. 자신의 가점이 낮다면 추첨제 물량을 노

● 이 같은 방식을 순차제로 표현한다. 순차제에선 청년층이 배제될 수 있다는 지적에 따라 일반공급 물량의 20%에 한해 추첨제가 도입된다.

1-16 민간분양 청약 가점 산정 기준표 1

가점 항목	구분	점수
무주택 기간	만 30세 미만 미혼자 또는 유주택자	0
	1년 미만	2
	1년 이상~2년 미만	4
	2년 이상~3년 미만	6
	3년 이상~4년 미만	8
	4년 이상~5년 미만	10
	5년 이상~6년 미만	12
	6년 이상~7년 미만	14
	7년 이상~8년 미만	16
	8년 이상~9년 미만	18
	9년 이상~10년 미만	20
	10년 이상~11년 미만	22
	11년 이상~12년 미만	24
	12년 이상~13년 미만	26
	13년 이상~14년 미만	28
	14년 이상~15년 미만	30
	15년 이상	32

(출처: 국토교통부)

리는 게 현명한 셈이다. 다만 자신이 지원한 주택형에 가점제와 추첨제 물량이 모두 있다면 우선 가점제로 경쟁하고, 가점제에서 떨어진 이들이 다시 추첨제로 경쟁하는 방식이다.

청약 가점은 세 가지 항목, 총 84점 만점으로 구성됐다. 첫 번째는 무주택 기간으로 32점 배점이다. 다시 말해 현재 무주택이 아닌 사람은 가점제로 경쟁할 때 최고 32점을 날리고 시작한다는 얘기다.

가점 항목	구분	점수
청약 통장 가입 기간	6개월 미만	1
	6개월 이상~1년 미만	2
	1년 이상~2년 미만	3
	2년 이상~3년 미만	4
	3년 이상~4년 미만	5
	4년 이상~5년 미만	6
	5년 이상~6년 미만	7
	6년 이상~7년 미만	8
	7년 이상~8년 미만	9
	8년 이상~9년 미만	10
	9년 이상~10년 미만	11
	10년 이상~11년 미만	12
	11년 이상~12년 미만	13
	12년 이상~13년 미만	14
	13년 이상~14년 미만	15
	14년 이상~15년 미만	16
	15년 이상	17

(출처: 국토교통부)

평생 무주택으로 살았다고 해서 32점을 모두 받을 수 있는 건 아니다. 무주택 가점에서 중요한 건 만 30세가 넘어서부터 기산이 시작된다는 점이다. 예외적으로 만 30세 이전에 결혼한 사람은 혼인 신고 시점부터 기산한다.

청약 통장 또한 가입 기간에 따른 가점이 있다. 청약 통장을 펼쳤을 때 나오는 통장 개설일부터 만으로 센다. 총 17점으로 가점 배분이 높지 않은 편이다. 하지만 1~2점으로도 당락이 갈리기 때문에 깨지 않고 유지하는 게 중요하다.

앞서 무주택 기간처럼 나이에 대한 제약도 존재한다. 미성년자의 경우 아무리 빨리 가입했더라도 2년만 인정된다. 그러니까 점수를 온전히 인정받으려면 만 17세부터 만들어야 한다. 계속해서 짚어봤던 대로 만 17세에 통장을 만든다면 민간분양에서도 만 32세가 될 때 이미 청약 통장 가점 만점을 채우게 된다.

부양가족 가점은 총 35점으로 가장 높은 비중을 차지한다. 가점 단위도 무주택 기간이나 청약 통장 가입 기간에 비해 높다. 부양가족이 한 명 늘어날 때마다 5점이 증가한다. 그래서 보통은 여기서 승부가 갈린다.

부양가족은 세대주를 기준으로 센다. 아무도 부양하지 않고 혼자 살아도 일단 5점이다. 본인을 부양하고 있기 때문이다. 결혼해서 배

1-18 민간분양 청약 가점 산정 기준표 3

가점 항목	구분	점수
	0명	5
	1명	10
	2명	15
부양가족 수	3명	20
	4명	25
	5명	30
	6명 이상	35

(출처: 국토교통부)

우자와 함께 산다면 5점을 더해 10점이 되는 구조다. 그러니 자녀가 있거나 부모를 봉양하고 있다면 점수가 올라간다.

부양가족 점수가 청약 가점 제도에 가져오는 변별력이 높다 보니 사회적 부작용도 많다. 시골에 계신 부모를 위장 전입으로 데려오거나 아이를 입양했다 파양하는 경우도 있다.

부양의 판단은 같은 주민등록등본에 오르는 것을 기준으로 본다. 직계존속, 즉 부모의 경우엔 등본에 오른 뒤 3년이 지나야 비로소 가점으로 인정된다. 청약을 앞두고 즉석 위장 전입시키는 경우를 막겠다는 것이다. 직계비속, 즉 자녀의 경우엔 미혼 자녀만 인정된다. 미혼 자녀가 만 30세 이상일 땐 1년 이상 등본에 올라 있어야 한다. 독립해서 살고 있는데 갑자기 데려오지 말란 얘기다. 자녀가 혼인 중이거나 혼인한 이력이 있다면 부양가족 점수엔 합산하지 않는다.

청약 가점은 일반적으로 나이가 많을수록 유리하다. 무주택 기간과 통장 가입 기간이 오래됐을 것이고, 부양하는 가족도 많을 것이기 때문이다. 그래서 정부는 2030 세대들을 위한 특별공급을 늘려왔다. 그런데 이 지점에서 다시 역차별 논란이 일기도 한다. 제도를 믿고 기다려온 이들을 오히려 제도 밖으로 밀어내는 문제가 있기 때문이다. 청약 가점에 다소 현실적이지 못한 부분이 있더라도 근간을 손보기 어려운 이유다.

TIP

청약은 어디서 할 수 있을까?

아파트 청약은 예정된 시기보다 늦어지는 경우가 많다. 여러 단계에 걸쳐 지자체 등과 분양가를 협의해야 하기 때문이다. 이런 절차가 끝나면 지자체의 분양 승인을 받은 뒤 입주자 모집 공고를 내게 된다.

공고는 해당 아파트를 분양하겠다는 법적인 절차다. 가격과 자격 등 모든 공식적인 안내가 공고에 포함돼 있다. 공고일을 기준으로 규제 적용 여부를 판단하고, 분양 일정도 공고에서 안내한다. 청약 최소 열흘 전엔 공고를 내도록 법이 규정하고 있고, 모델 하우스는 보통 이 날짜에 맞춰 여는 게 일반적이다.

LH의 공공분양이라면 LH청약센터(apply.lh.or.kr)에 공고가 실린다. SH 등 다른 기관의 공공분양이라면 각 기관 홈페이지에 공고가 게재된다. 민간분양이라면 한국부동산원의 청약홈(applyhome.co.kr)에 있다. 이곳에서 공고를 읽어볼 수 있고 청약도 이곳에서 진행한다. 당첨 안내도 마찬가지다.

규제 지역별 청약 요건

청약 요건은 지역별 규제 강도에 따라 달라진다. 이 책의 서두에서 대출 비율이 지역별로 달라졌던 것과 마찬가지다. 일반 지역일 땐 요건이 느슨해지고 조정 대상 지역* → 투기 과열 지구로 갈수록 강도가 강

---

* 조정 대상 지역은 청약 과열 지역과 청약 위축 지역으로 구분된다. 하지만 정부가 청약 위축 지역을 지정하지 않고 있기 때문에 청약 과열 지역이 조정 대상 지역으로 통칭된다. 앞으로 재개발, 재건축 등 정비 사업과 부동산 세제에서 조정 대상 지역이란 용어가 더욱 널리 쓰이기 때문에 이 장에서도 청약 과열 지역 대신 조정 대상 지역이란 용어로 통일한다.

1-19 규제 강도에 따라 달라지는 청약 요건

구분	일반 지역	조정 대상 지역	투기 과열 지구
청약 자격	세대원	세대주	
일반공급 1순위 요건	수도권 청약 통장 가입 1년 경과+공공은 납입 횟수 12회 비수도권 청약 통장 가입 6개월 경과+공공은 납입 횟수 6회	청약 통장 가입 2년 경과+공공은 납입 횟수 24회 최근 5년 내 당첨된 세대에 속하지 않을 것	
2주택자 일반공급 1순위 청약 가능 여부(민간)	O	X	
일반공급 가점제 비율 (민간)	진용 면직 85m² 이하 가점제 40%/추첨제 60% 전용 면적 85m² 초과 가점제 0%/추첨제 100%	57~58p 참고	
일반공급 1순위 청약 일정 분리	—	일반공급 1순위의 해당 지역과 기타 지역 일정 분리	
특별공급 제외	—	—	9억 초과 주택

(출처: 국토교통부)

해진다고 보면 된다.

규제라는 건 조정 대상 지역일 때부터 시작한다. 왜 규제를 받을까? 집값이 오르고 청약 경쟁률이 높아져서다. 다시 말하면 집값이 떨어지는 시기엔 하나둘 규제가 풀린다는 이야기다.

청약에서 규제 지역일 때 나타나는 가장 큰 변화는 일단 세대주만 청약이 가능해지는 점이다. 부모님 집에 얹혀 사는 2030 세대라면 일단 청약이 불가능해진다. 일반공급의 1순위 요건도 달라지는데, 청약 통장에 가입한 지 2년은 지나야 한다.

민간분양의 경우엔 조정 대상 지역 이상의 규제를 받는 순간부터 2주택자의 1순위 청약이 막힌다. '2순위로 하면 되겠네?'라고 생각하겠지만 규제를 받을 정도의 인기 지역에서 2순위 물량이 나올지는 미지수다. 2순위 청약 물량이 나온다면 나오는 대로 문제. 청약 시장 열기가 식고 있다는 의미기 때문이다. 규제가 없는 일반 지역에선 2주택자도 1순위 청약이 가능하다. 다만 앞서 살펴본 대로 무주택 가점은 없다.

1순위 청약 일정 분리는 아예 날짜를 달리한단 말이다. 청약은 기본적으로 특별공급 → 일반공급 1순위 → 일반공급 2순위의 순서다. 그런데 조정 대상 지역부턴 일반공급 1순위의 날짜를 다시 나눠서 1순위 해당 지역 → 1순위 기타 지역으로 분리한다. 같은 1순위더라도 그 동네 사람이 하루 먼저 청약한다는 얘기다. 여기서 마감되면 기타 지역엔 국물도 없다.

왜 이렇게 나눌까? 청약 자격 자체는 해당 지역 외에도 광역으로 적용되기 때문이다. 예컨대 경기도 광명의 아파트에서 청약을 받는다면 인근 서울 사람에게도 1순위 청약 자격은 있다. 하지만 청약 일정이 분리돼 있기 때문에 광명 거주자보다 하루 늦게 청약할 수밖에 없다. 결국 청약 일정 분리는 해당 지역 거주자가 우선해서 청약할 수 있도록 보호하려는 의미다.

특별공급의 경우엔 투기 과열 지구에 한해 분양가 9억 원이 넘을 땐 나오지 않는다. 9억 원이 넘는 순간 고가 아파트로 분류되기 때문에 특별한 배려로서 의미가 없다고 보는 것이다. 그래서 서울 강남의 새 아파트에선 특별공급을 볼 수 없다. 가장 특별한 곳에 특별공급이 존재하지 않는 역설적인 상황인 셈이다.

늘어나는 추첨제

아파트 청약엔 가점제가 아닌 추첨제 물량도 있다. 가점이 낮더라도 계급장 떼고 붙을 수 있는 영역이 존재하는 것이다. 다만 추첨제 물량의 비율은 규제 지역 여부에 따라, 그리고 집의 면적에 따라 달라진다. 기존엔 집의 크기를 전용 면적 85㎡ 기준으로 잘랐다. 전용 면적 85㎡는 국민주택 규모라고 해서 부동산 관련 대부분 제도의 기준이기도 하다. 옛 34평 정도라고 보면 된다. 이 면적보다 작은 집은 가점제 비율을 높게 적용하고, 반대로 이 면적보다 큰 집은 가점제 적용 비중이 점점 낮아지도록 했다. 예를 들어 투기 과열 지구라면 전용 면적 85㎡ 이하에선 추첨제가 아예 없고 가점제로만 당첨자를 뽑았다. 반대로 규제가 없는 일반 지역의 전용 면적 85㎡ 초과 주택형은 가점제 없이 추첨제로만 당첨자를 뽑는 식이다.

하지만 윤석열 정부 출범 이후 청약 제도 개편에 따라 추첨제 비율이 조정됐다. 늦어도 2023년부터 적용될 추첨제 비율은 전용 면적 60㎡ 이하 구간을 신설할 게 골자다. 면적에 따라 아파트 크기를 소형, 중

1-20 바뀌는 민간분양 추첨제 비율

전용 면적	투기 과열 지구		조정 대상 지역	
	기존	개편	기존	개편
60㎡ 이하	가점 100%	가점 40% 추첨 60%	가점 75% 추첨 25%	가점 40% 추첨 60%
60~85㎡		가점 70% 추첨 30%		가점 70% 추첨 30%
85㎡ 초과	가점 50% 추첨 50%	가점 80% 추첨 20%	가점 30% 추첨 70%	가점 50% 추첨 50%

(출처: 국토교통부)

형, 대형 3단계로 나눈 뒤 소형엔 추첨제 비율을 높게 적용하고 중형 부턴 가점제 비율이 높아지게끔 조정한 것이다. 젊은 세대가 청약 가점 산정에 불리한 만큼 추첨제 비율을 높여 당첨의 길을 터준 것이다. 다만 모든 주택형에 대해 추첨제 비율을 높인다면 장년층의 반발이 심할 테니 사회초년생이 노릴 만한 소형 아파트에 한해 추첨제 비율을 늘린 것이다.

추첨제 비율 조정은 민간분양에 국한되지 않는다. 공공분양의 일반공급 또한 추첨제가 새로 적용된다. 벌써 다 잊었겠지만 공공분양의 일반공급은 청약 통장에 돈을 오래, 그리고 많이 불입한 사람 순서로 당첨된다. 정부는 이 같은 물량 가운데 20%가량을 추첨제로 공급한다는 방침이다.

윤석열 정부는 공공분양을 일반형과 선택형, 나눔형으로 구분했는데 이 책에서 말하는 공공분양은 모두 일반형이다. 정권마다 공공분양의 형태를 여러 갈래로 나누고 특정 계층을 위한 전용 상품을 만드는데, 이 방식과 용어 또한 정권마다 바뀐다. 그러나 이 책에서 설명하고 있는 일반형은 공공분양의 근간이기 때문에 방식이나 용어가 거의 변하지 않는다.

청약을 먼저 할까,
결혼을 먼저 할까?

예비부부는 어떤 청약 전략을 짜야 하는지 묻는 경우가 많다. 이 말을 풀이하자면 청약을 위해 혼인신고를 지금 빨리 해야 하는지 늦춰야 하는지 답을 달라는 것이다.

집을 장만할 때 결혼 관련 고민이 출발하는 지점은 보통 대출이다. 보금자리대출이나 디딤돌대출 같은 정책자금대출을 받을 때 소득 기준이 존재하기 때문이다. 우선 결혼하면 두 사람의 소득이 합쳐진다. 그런데 대출의 소득 기준은 1인 가구 기준에 비해 크게 늘어나진 않는다. 그래서 아예 1인 가구 기준으로 대출을 받아 집을 마련하고는 나중에 혼인신고를 하는 전략이 많이 쓰인다.

그런데 청약에서도 결혼을 늦추는 게 유리할까? 꼭 그렇지는 않다. 앞서 살펴본 내용을 벌써 잊었겠지만 공공분양과 민간분양의 신혼부부 특별공급에서 가장 큰 차이는 결혼 여부다. 결혼을 안 해도 신혼부부 특별공급이 가능한 건 공공분양뿐이다. 예비 신혼부부 자격으로 가능하다.

공공분양 신혼부부 특별공급의 당첨자 선정 방법을 보면 자녀가 있는 부부가 우선한다. 예비 신혼은 아예 2순위다. 그 안에서도 경쟁이 발생하면 신혼부부 특별공급만의 별도 가점을 따지는데, 여기서도 자녀의 숫자와 혼인 기간 등을 살펴본다. 예비부부라면 이 점수는 존재할 수 없다. 결혼을 안 해도 청약할 수 있다고 했지 당첨된다고는 안 했다.

1. 결혼 먼저

민간분양이라면 그냥 결혼하는 방법밖에 없다. 경쟁이 발생하면 아이가 있는 집이 1순위다.

결혼 계획이 있다면 어떤 유형이 가장 유리할까? 지금 당장 혼인 신고서에 도장을 찍을 수 있다면 민간 신혼 → 공공 생애 최초 → 공공 신혼 → 민간 생애 최초 순으로 유리하다. 민간 신혼의 소득요건이 제일 널널해서다. 공공 신혼과 비교하면 예비 신혼을 배제하고 신혼끼리 경쟁하는 것도 장점이다.

공공 신혼보다 공공 생애 최초가 선순위인 것도 마찬가지 이유에서다. 공공 생애 최초는 결혼한 사람만 받는다. 민간 생애 최초가 가장 후순위인 것도 같은 이치다. 민간 생애 최초는 1인 가구까지 포함해 경쟁하는 판 아닌가. 모수가 커지는 만큼 신혼부부들의 당첨 확률이 떨어질 수밖에 없다.

2. 청약 먼저

반대로 결혼 계획은 있지만 당장 도장을 찍을 수는 없다면 어떨까? 이땐 공공 신혼 → 민간 생애 최초 순이다. 직전에 살펴본 대로 공공 신혼은 예비 신혼도 지원이 가능하다. 그리고 민간 생애 최초는 각자 1인 가구로 도전하는 것이다. 물론 당첨된 다음 결혼 상대가 바뀔지도 모른다.

이번엔 두 가지 유형만 나왔다. 공공 생애 최초와 민간 신혼은 아예 청약이 불가능하기 때문이다. 결혼하지 않은 상태라면 이들 유형에선 국물도 없다.

3. 세금도 고려해야

그렇다면 무조건 혼인신고 먼저 하는 게 유리할까? 세금을 따져보면 얘기가 또 달라진다. 예를 들어 아직 혼인신고를 하지 않은 상태로 1인 가구 생애 최초에 넣어서 각자 당첨됐다고 해보자. 한 사람이 한 채씩 최종적으론 1세대 2주택이 되는 것이다.

부동산 세제는 1세대 1주택자가 집을 팔 땐 세금을 매기지 않는 비과세 제도를 두고 있다. 반대로 집이 많다면 패널티를 준다. 각자 집을 가진 두 사람이 결혼해서 하나가 됐으니 원칙적으론 1세대 2주택이 되고 비과세는 불가능하다.

그런데 이때 혼인합가주택이란 규정이 작동한다. 각자 집을 가진 두 사람이 결혼해서 한 가족이 되면 5년 안에 나머지 한 채의 집을 팔아도 비과세를 적용해주겠다는 규정이다. 지역에 따라선 2주택 상태에서 한 채를 팔 때 세금을 더 매기는 중과세가 적용되는데, 이를 적용하지 않고 아예 비과세를 적용해주는 것이다. 어려우니 맛보기로 개념만 이해하자. 마지막 장에서 세금 제도를 설명할 때 다시 짚어보자.

중요한 건 청약 때문에 결혼에 대한 의사 결정을 미리 하지는 말자는 것이다. 상황에 따른 유불리가 분명한 만큼 결혼은 생애 주기에 맞춰서 해도 충분하다. 부동산 시장은 오르내림의 흐름이 올 수밖에 없고 우리는 어떤 형태로 집을 사게 될지 모른다. 청약에 실패해서 결국 매매로 사게 될 수도 있다. 삶의 중대사를 지금 결정하지는 말자.

당첨 확률을
1%라도 높이려면?

'청약 경쟁률이 수십 대 1인데 내가 되겠어?'라는 생각이 들겠지만 경쟁률이 조금만 떨어지면 그때부턴 개인의 전략이 당락을 결정하기도 한다.

되는 사람도 안 되는 사람도 사실은 조건이 크게 다르지 않다는 얘기다. 오히려 조건이 안 좋았던 쪽에서 행운을 거머쥐기도 한다. 청약이 대입에 비유되는 것도 이런 연유에서다. 성적순인 것 같지만 은근히 성적순이 아닌 부분도 있다. 나는 목표했던 대학을 포기하고 하향 지원했지만 나와 비슷하게 공부를 하던 친구는 같은 학교에 합격하는 경우가 있다. 억울하게도 나보다 공부를 못하던 친구가 추가 합격하기도 한다.

모두 선택의 문제다. 청약도 마찬가지다. 동일 조건에서 희비가 갈리는 건 지역 선택의 문제, 단지 선택의 문제, 주택형 선택의 문제, 이렇게 세 가지다.

1. 지역 선택

지인 중 부동산 광고가 업인 분에게 고시원에서 홍보 의뢰를 한 적이 있다. '고시원이 웬 광고를?' 자신들은 합법적인 전입 신고를 도와주는 곳이라며 이 내용을 홍보하고 싶다는 게 요지였다. 고시원에 가서 살면 살고 전입 신고를 하면 하는 것이지 자기들이 도와준다는 것은 뭘까? 바로 위장 전입이다.

장·차관 청문회에서 자녀의 학군 때문에 위장 전입이 거론되는 사례는 많이 봤을 것이다. 청약에서도 똑같다. 왜냐면 그 도시에 주민 등록이 돼 있는 사람에게 우선적인 자격을 주기 때문이다. 우리가 지금까지 살펴본 내용에서도 그렇다. 경쟁이 발생하면 해당 지역 거주자 우선적으로 물량을 배정했고, 규제를 받는 지역에선 아예 1순위 청약도 해당 지역 거주자가 하루 먼저 했다.

공부도 되고 귀가 솔깃할 만한 실전 압축 기출 문제를 가져왔다. 경기도 과천의 한 아파트 청약 결과다. 표는 청약홈의 경쟁률 조회 화면 일부를 가져온 것이다.

주택형	공급 세대수	순위		접수 건수	순위 내 경쟁률 (미달 세대수)
ⓐ59A	ⓑ84	1순위	해당 지역	ⓒ50	ⓓ(△34)
			기타 지역	ⓔ403	ⓕ11.85
		2순위	해당 지역	5	—
			기타 지역	197	—
59B	120	1순위	해당 지역	27	(△93)
			기타 지역	518	5.57
		2순위	해당 지역	3	—
			기타 지역	145	—

(출처: 청약홈)

읽는 방법은 이렇다. ⓐ이 아파트의 59A 주택형에선 ⓑ84세대를 모집했다. ⓒ그런데 1순위 해당 지역 청약, 그러니까 과천에서 59A에 청약한 사람은 50명에 불과했다. ⓓ그래서 미달이 34세대 발생했다는 이야기다. △34에서 △는 마이너스를 의미한다. ⓔ이 남은 물량을 누가 가져갔냐, 바로 기타 지역에서 청약한 사람들이다. 과천이 아닌 서울 등 수도권에 거주하지만 통장의 1순위 자격은 갖춘 이들을 말한다.

그런데 34세대를 두고 403명이 청약했다. 과천은 투기 과열 지구였고, 주택형은 전용 면적 85㎡ 이하니까 가점 순서대로 34명을 뽑았을 것이다. ⓕ이렇게 해서 59A 주택형의 1순위 경쟁률이 11.85대 1로 나왔다. 2순위에서도 해당 지역과 기타 지역 청약을 했지만 이들은 애초 경쟁 자체를 하지 못했다. 만약 1순위 기타 지역 청약에서도 미달이 났다면 2순위에게 물량이 갔을 것이다.

우리는 여기서 11 대 1로 싸워서 이긴 사람이 되려는 게 아니다. 싸움이 일어나기 전 단계에서 무혈입성한 사람들, 84세대를 모집했는데 50건만 접수돼서 유유히 골인한 사람들, 이들을 주목해야 한다.

1순위 해당 지역과 기타 지역의 청약 날짜가 분리된 것처럼 해당 지역 거주의 힘은 강력하다. 날짜를 한꺼번에 받는 특별공급에선 아예 경쟁에서 우선한다.

그럼 얼마나 그 지역에 거주했어야 할까? 이건 지자체마다 다르게 적용한다. 규제를 받는 곳은 보통 1년 이상을 적용하고 강하게 제한하는 곳은 2년으로 설정한다. 서울의 경우 2년이다. 과거 그 동네에 1년 살았는데 잠깐 다른 지역에 갔다 왔다면 나머지 1년만 더 채우면 될까? 아니다. 거주 기간은 마일리지와 다르다. 언제나 연속 거주 기간을 말한다.

이렇게 청약은 해당 지역 거주자가 우선하도록 제도가 짜여져 있다. 그래서 고시원 업자가 광고를 알아봤던 것이다. 그런데 아무 곳에서나 이런 위장 전입 위험을 짊어질까? 위장 전입을 한 사람들은 어떤 지역이길래 위험 부담을 감수했을까? 이걸 고민해보자.

첫째로 분양이 많이 나올 곳이다. 당첨되면 인생 역전을 할 수 있기 때문이다. 중요한 건 물량이 '나오는 곳'이 아니라 '나올 곳'이다. 내가 이사를 가자마자 청약해봤자 거주 요건이 모자라다. 전입한 날로부터 1~2년 뒤 물량이 쏟아지는 곳이 이상적이란 의미다. 그때

쯤 분양이 많이 나와야 내 거주 요건이 힘을 발휘한다.

대표적인 게 신도시 같은 택지*다. 이 같은 택지는 발표하는 날 분양하는 게 아니라 지구 계획을 세우고 토지 보상을 하느라 실제 조성까지는 수년이 걸린다. 그동안 나는 이사 가서 거주 요건을 갖추면 청약에 유리해지는 것이다. 역대 정부마다 신도시 등 택지 지정을 많이 했기 때문에 지역별 물량을 분석해봐야 한다.

둘째는 내가 이사 갔을 때 승산이 있는 곳이다. 즉 경쟁이 줄어드는 곳으로 가야 한다. 서울에서 살아보는 게 꿈이리서 서울로 이사 와서 거주 요건을 채웠다고 해보자. 나와 경쟁할 1순위 통장만 380만 개다. 물론 통장은 온가족이 다 만들 수 있기 때문에 허수가 좀 있다. 세대주만 따진다면 3분의 1 정도 될 것이다. 그래도 경쟁은 100만 대 1이다.

그래서 지역별 세대수를 잘 따져봐야 한다. 세대수가 적으면 가용 1순위 통장도 줄어들기 때문이다. 통상 인구가 적은 곳이 세대수도 적다. 서울 위성도시 가운데는 이 같은 조건의 도시가 많다.

셋째는 최근에 분양이 제법 많았던 곳이다. 통계상 1순위 통장은 제법 되지만 알고 보니 근래 몇 년 동안 새 아파트 당첨된 집이 많은 곳. 이런 집들은 당첨 이력이 있기 때문에 당분간 다시 청약을 할 수 없다.

● 주택 용지의 준말. 구체적으론 정부 등 공공 주도로 수용해 조성하는 땅을 지칭하며, 330만㎡ 이상 규모일 때부터 신도시로 분류된다. 지방 정부가 조성한 택지에 신도시 명칭이 쓰이는 경우가 있지만 편의상 사용될 뿐 공식적인 신도시로 분류하진 않는다.

대표적 사례가 앞 표 1-21에서 보여준 과천이다. 서울 주변 도시면서 인구는 10만 명도 되지 않는다. 그런데 시가지 재건축에서 분양하는 물량은 물론 택지인 지식정보타운에서 분양하는 물량까지 끊임 없이 분양이 이뤄졌다. 이게 끝이 아니다. 과천지구와 주암지구 등이 줄줄이 대기 중이다.

이걸 노리고 원룸이나 고시원이라도 구해서 과천에 들어간 이들이 많다. 당장은 청약에 떨어지더라도 앞으로 계속 나올 물량에서 우위를 점하기 위해서다.

실전 사례로 보자면 이렇게 쉽다. 요약하자면 인구수 대비 대규모 개발이 이뤄진 곳, 그런데 앞으로 또 분양이 많이 나올 곳이 중요하다. '택지 정보 시스템(jigu.go.kr)'의 지도 서비스를 참고하는 것도 좋은 방법이다. 택지 개발 정보가 지도 위에 색으로 칠해져 있어 구분하기 편리하다. 이렇게 조건에 맞는 곳을 찾아서 이사 계획을 세워 보는 것도 청약 전략이다.

2. 단지 선택

전략이란 건 전기색마(田忌塞馬)라는 고사를 참고해볼 만하다. 상상하는 그 색마가 아니다. 중국 춘추 전국 시대에 전기라는 장군이 있었는데 경마로 내기하기를 좋아했다. 그런데 3판 2선승으로 붙어서 매번 지기만 했다.

그러자 손빈이란 책사가 이렇게 조언했다. 장군의 말을 상, 중, 하 등급으로 나누고 상대의 말도 상, 중, 하 등급으로 나누라는 것이다. 상대가 상등마를 내면 일단 하등마를 내서 그 게임을 던지는 게 전략이었다. 그러나 상대가 중등마를 낼 땐 상등마를 내서 잡고, 하등마를 낼 땐 중등마를 내서 잡았다. 한 게임을 내줬지만 3판 2선승에서 두 게임을 이겨 돈을 딴 것이다.

이 고사에서 중요한 지점은 서로 조건이 같았다는 것이다. 청약도 분석과 선택이 중요하다. 아마도 우리 대부분은 중등마일 것이기 때문이다. 가점 높고 불입금 많은 상등마라면 상관없다. 그런데 우리는 애매하다. 결국 상대를 어떻게 고르느냐에 따라서 이기느냐 지느냐가 결정된다.

취재를 하며 가장 흔하게 봤던 사례는 우선 시야가 넓어야 한다는 점이다. 내가 청약하려는 단지만 지켜 보는 게 아니라 가까운 지역에서 같은 시기에 청약하는 단지가 어디인지를 파악해야 한다. 두 단지의 당첨자 발표일이 같으면 서로 중복 청약이 안 되기 때문이다.

겹치는 단지가 인기 단지라면 해당 아파트에 몰리느라 우리 아파트엔 노마크 찬스가 날 수 있다. 반대로 해당 단지가 조금 처져서 우리 단지에 몰릴 것 같다면 역으로 그쪽에 청약할 수도 있다. 회사와 너무 멀고, 혐오 시설이 있고, 집값이 안 오르고……. 이 같은 조건을 하나씩 따지다 보면 내 집 마련은 멀어진다. 잊지 말자, 나는 중등마다.

3. 주택형 선택

두 아파트의 입지도 비슷하고 조건도 비슷하고 심지어 예비 청약자들의 반응도 비슷해서 경쟁률도 비슷한 수준일 것 같다, 싶을 땐 주택형이 몇 개인지 비교하자. 주택형이 많은 곳은 경쟁이 분산된다.

언론에 발표되는 청약 경쟁률은 아파트 단지 단위다. 하지만 여기엔 평균의 함정이 숨어 있다. 실제 청약에선 주택형별로 당첨을 다툰다. 예를 들어 '못생긴 형진이' 아파트엔 주택형이 A, B 두 가지만 있고, '잘생긴 형진이' 아파트엔 A, B, C, D, E 다섯 가지가 있다고 해보자. 또 두 아파트 모두 최고 인기 주택형은 A라고 해보자.

우리는 중등마니까 경쟁이 치열한 A를 피해서 청약해야 한다. 그런데 못생긴 형진이 아파트에선 피할 곳이 B밖에 없다. 잘생긴 형진이 아파트에선 B, C, D, E가 모두 대안이다. 그러니까 A로 갔으면 탈락했을 청약 가점으로도 D나 E를 선택해서 당첨되는 경우가 있다는 것이다. 물론 여기선 주택형별로 몇 세대를 모집하는지 복합적으로 고민해야 한다. 하지만 대체적으로 주택형이 많은 아파트가 저가점자들에게도 기회를 많이 열어주는 편이다.

그럼 어떤 주택형이 인기가 많은지, 상등마가 몰리는지 구분할 안목도 필요하다. 아파트 청약이 시작되면 단지마다 홈페이지에 배치도가 올라온다.

그림 1-22는 서울에서 청약한 실제 단지의 배치도인데 어디가

총 1,045세대 중 일반분양 327세대

38㎡B	42㎡B	51㎡A	51㎡B	59㎡A	59㎡B	59㎡C	59㎡D	84㎡A	84㎡B	84㎡C	112㎡
7세대	6세대	7세대	4세대	22세대	4세대	8세대	4세대	48세대	87세대	68세대	62세대

1-22 단지 배치도(출처: GS건설)

가장 좋을까? 1블록이다. 다른 블록보다 규모도 크고 커뮤니티 시설도 몰려 있다. 심지어 3블록은 외딴 섬이다.

1블록에선 어떤 주택형이 가장 좋을까? 정가운데 눈에 띄는 게 하늘색 84A다. 모두 정남향이고 105동은 아래 정원이 있어서 조망을 가리지 않는다. 다만 84A에 청약하면 205동 서향에 걸릴 수도 있다. 함정 카드인 셈이다. 보라색 84C의 배치도 눈에 띈다. 함정 카드가 없고 모두 서남향이다.

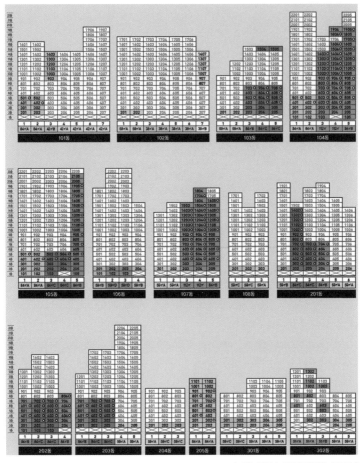

 단지 배치도와 함께 봐야 하는 게 이 같은 동호수 배치도다. 앞서
단지 배치도에선 84A가 가장 좋았지만 동호수 배치도를 보면 해당
주택형은 5층까지만 배정됐다. 함정 카드였던 205동만 중층부까지
배치됐다. 재개발 사업으로 짓는 아파트인데 좋은 주택형을 재개발

침실3
다용도실
주방/식당
부부욕실
가족욕실
현관
드레스룸
침실1(안방)
거실
침실2
실외기실
발코니

1-24 판상형 구조 (출처: GS건설)

조합원들이 먼저 가져갔다는 의미다.

그런데 84B를 보면 전층이 분양 물량으로 배정됐다. 단지 배치도를 보면 84B는 남향도 있고 서향도 있다. 유난히 좋은 배치는 아니지만 그렇다고 엄한 데 있지도 않다.

이 아파트 청약에선 84A → 84B → 84C 순서로 인기가 높았다. 84A는 층 배정이 아쉬웠지만 위치는 좋았다. 84B는 84C보단 위치가 안 좋아 보였지만 구조에 강점이 있어서 경쟁에 앞섰다.

이 같은 구조를 판상형 구조라고 한다. 분양 시장에선 판상형이 보편적이고 인기도 좋은 편이다. 거실과 주방의 창문이 마주 보면서 통풍이 되면 맞통풍이라고 부른다. 거실과 같은 방향으로 방이 몇 칸 배치되느냐에 따라선 베이(Bay)를 따지는데, 그림 1-24의 집은 거실까지 총 세 칸이어서 3베이다. 최신 설계에선 전용 면적 84㎡ 기준 4베이가 나오는 게 일반적이다.

침실3

가족
욕실

침실2

현관

주방/식당

드레
스룸

부부
욕실

다용
도실

거실

침실1(안방)

발코니

실외기실

1-25 탑상형 구조(출처: GS건설)

84C는 그림 1-25 같은 탑상형 구조다. 타워형 구조라고도 한다. 단지 배치도를 보면 'ㄱ'자로 꺾이는 부분에 탑상형 구조 주택형이 배치된다. 이렇게 하지 않으면 모두 성냥갑 같은 일자형으로 배치되기 때문이다.

탑상형은 집 안에 복도가 길게 뻗어 있고 주방과 거실이 붙어 있는 게 특징이다. 호불호도 존재한다. 안방과 작은방이 공간적으로 분리돼서 선호하는 경우도 있다. 일반적으론 판상형에 비해 선호도가 떨어진다.

거실 한쪽 벽에 창을 더 내서 이면 개방을 만드는 경우도 있다. 이 아파트는 그렇게 하지 않았다. 이 같은 이유들로 84C는 배치상 84B보단 좋았어도 구조에서 밀리면서 경쟁률이 가장 낮게 나타났다.

물론 집을 고를 땐 가격적인 면도 고려해야 한다. 조금이라도 싼 곳에 경쟁이 더 몰리기 때문이다. 그래서 소형 면적대는 경쟁이 높고 대형 면적대로 갈수록 널널해지는 경향이 있다. 절대적인 가격에서 차이가 날 수밖에 없어서다.

요약하자면 이사라도 가서 유리한 위치를 점하는 곳을 찾는 것, 시기가 겹치는 단지가 있는지 따져보는 것, 청약하려는 아파트의 주택형 숫자와 우열을 가려보는 것이 중요하다. 이렇게 상등마, 중등마, 하등마를 나눠보자. 실제 청약을 하시 않더라도 청약하는 단지들이 나올 때마다 머릿속으로 시뮬레이션을 해보자. 여기에 제일 몰리고 여기가 제일 처질 것이라고 말이다.

당첨됐는데
집이 날아간다고?

아파트 당첨이 취소되는 사례도 많다. 대부분 청약자의 단순 실수다. 이렇게 당첨이 취소될 경우 일정 기간 아파트 청약에 참여조차 할 수 없기 때문에 속쓰림은 배가 된다. 억울해지지 않으려면 정신 단단히 차리자.

당첨 취소를 청약 용어로 부적격 당첨이라 부른다. 사업 주체는 청약 접수가 끝난 뒤 청약자들의 금융, 자산 등 정보를 넘겨받아 부적격 당첨자들을 걸러낸다. 일정 기간 동안 소명하지 못할 경우 당첨이 취소되고, 이렇게 취소된 물량은 일정 배수로 모집한 예비 당첨자에게 배정된다. 청약을 계속 대입에 비유한 이유다. 이 같은 과정을 거치고도 분양이 마무리되지 않을 경우 진행하는 게 바로 무순위 청약●이다.

부적격 당첨 원인 십중팔구는 청약 가점 오류다. 앞서 배운 청약 가점을 청약자 스스로 입력해야 하기 때문이다. 무주택 기간을 산정할 때 만 나이를 잘못 센다거나 부양가족 숫자를 잘못 계산해 부적격으로 분류되는 사례가 비일비재하다.

일단 청약자들이 입력하는 정보대로 접수해 당첨자를 선정한 뒤 사후 검증하는 시스템이기 때문에 자신이 부적격 낭첨자였는지조차도 나중에 알게 된다. 청약 유형과 주의점에 대해 지루할 만치 설명했던 이유이기도 하다. 사실 청약홈의 청약 화면에서 주의 사항만 꼼꼼히 읽어도 실수를 줄일 수 있다.

중복 청약도 심심치 않게 등장하는 부적격 당첨 사례 중 하나다. 여기서 중복 청약이란 당첨자 발표일이 같은 단지에 교차해서 청약

1-26 1인 중복 청약 시 유효 여부

사례		유효 여부
같은 단지	특별공급 + 일반공급	O (특공 인정 / 일반 무효)
다른 단지	특별공급 + 특별공급	X
	특별공급 + 일반공급	X
	일반공급 + 일반공급	X

(출처: 국토교통부)

● 과거 선착순 분양을 제도화해 청약홈에서 추첨으로 당첨자를 선정하도록 했다. '새 아파트를 줍고 줍는다'는 의미에서 '줍줍'으로 불리기도 한다.

하는 걸 말한다. '하나만 걸려라'라는 심정으로 여러 곳에 청약하겠지만 이 상황에선 하나만 걸려도 취소된다. 욕심을 부리지 말자.

다만 두 아파트의 당첨자 발표일이 다르다면 상관없다. A아파트와 B아파트에 모두 당첨됐다면 둘 중 발표일이 빠른 아파트의 당첨이 인정된다.

같은 단지에선 특별공급과 일반공급에 한 번씩 청약해도 된다. 중복 청약으로 보지 않는다는 이야기다. 한 단지에 두 번 청약할 수 있는 셈이다. 보험을 든다는 마음으로 특별공급과 일반공급에 모두 청약하는 게 현명하다. 이때 특별공급과 일반공급에 모두 당첨될 경우 특별공급 당첨이 우선이다.

규제가 없는 일반 지역에선 세대원도 청약이 가능하기 때문에 본인+세대원 형태의 중복 청약이 이뤄지는 경우도 많다. 이땐 복잡한 경우의 수가 생기기 때문에 표 1-27을 참고하자.

건설사 분양소장이나 분양 담당 직원들의 이야기를 들어보면 많

1-27 2인 중복 청약 시 유효 여부(본인+세대원)

사례		유효 여부
같은 단지	특별공급 + 특별공급	X
	특별공급 + 일반공급	규제 지역: 특공 인정, 일반 부적격 비규제 지역: 모두 인정
	일반공급 + 일반공급	재당첨 제한 적용 여부 판단
다른 단지	특별공급 + 특별공급	X
	특별공급 + 일반공급	재당첨 제한 적용 여부 판단
	일반공급 + 일반공급	재당첨 제한 적용 여부 판단

(출처: 국토교통부)

을 땐 전체 당첨자의 10% 안팎이 부적격자다. 청약 가점 오류든 중복 청약이든 부적격 사유로 당첨이 취소될 경우 아파트가 날아가는 것에서 불행이 끝나지 않는다. 수도권 기준 최장 1년 동안 청약 시장의 문을 두드릴 수 없게 된다. 순간의 안이함 치곤 비싼 대가를 치러야 하는 것이다.

이미 청약 제한을 받고 있어서 부적격 당첨자로 분류되는 경우도 있다. 당첨된 이력을 가진 사람들이다. 청약 제도는 되도록 집이 없는 사람의 당첨 확률이 높아지도록 짜여져 있나. 이 때문에 집을 가진 사람에게 패널티를 부여한다. 특히 청약 제도를 통해 무주택자를 벗어났던 이들이 집을 팔고 다시 청약 시장에 뛰어드는 것에 대해선 당첨자 이력 관리를 통해 제한한다.

대부분의 청약 제한은 연좌제와 유사하다. 연대 책임이라는 표현이 우습지만 실제로 당첨자 관리는 세대를 기준으로 본다. 예를 들어 아버지가 청약에 당첨돼 집을 마련한 상태에서 아들이 같은 세

1-28 당첨자 관리 유형

종류	내용
1순위 청약 제한	세대원 중 과거 5년 이내 다른 주택의 당첨자로 선정된 사람이 있는 경우 투기 과열 지구 및 조정 대상 지역에서 1순위 청약 자격 제한
가점제 적용 제한	과거 2년 이내 가점제를 적용받아 다른 주택의 당첨자로 선정된 사람의 세대에 속한 사람은 가점제의 적용 대상에서 제외
재당첨 제한	주택 청약에 당첨된 사람의 세대에 속한 사람은 재당첨 제한 기간 동안 다른 분양 주택의 입주자 선정 제한
특별공급 횟수 제한	특별공급은 한 차례에 한정해 1세대 1주택 기준으로 공급

(출처: 국토교통부)

대에 속해 있다면 규제 지역에서 최대 5년 동안 1순위 청약을 할 수 없다. 이게 1순위 청약 제한의 의미다. 물론 2순위는 가능하다. 당첨될 확률은 낮겠지만.

당첨자 이력 관리 가운데 재당첨 제한이 가장 무시무시한 제도다. 과거 청약을 통해 주택에 당첨된 이력이 있다면 일정 기간 동안 다른 아파트의 당첨자로 선정될 수 없기 때문이다. 즉, 청약 자체를 시도할 수 없다. 제한 기간은 최대 10년이다.

여기서 과거의 당첨 이력엔 청약 외에도 재개발, 재건축의 조합원 분양까지 포함된다. 이 같은 당첨 이력이 존재하는 상황에서 공공분양 또는 규제 지역의 민간분양 아파트에 청약하려 할 때 재당첨 제한이 작동한다. 그래서 '못 먹는 감 찔러나 보자'는 심정으로 청약해선 안 된다. 덜컥 당첨될 경우 계약도 포기해야 하고 재당첨 제한도 덤으로 딸려오기 때문이다.

집이 있으면
청약 못 하나?

부동산 공부에서 가장 난해한 것 중 하나가 주택 수 판단이다. 청약과 세제 등에서의 잣대가 각기 달라서다. 무주택자였다가 1주택자가 되는가 하면 2주택자가 되기도 한다. 광고나 홍보를 위해 의도적으로 이를 모호하게 설명하는 경우도 더러 있다.

우리가 살펴본 대로 청약 제도는 기본적으로 무주택자 우선 원칙이다. 규제 지역일수록 더욱 그런 경향이 있다. 예를 들어 서울에서 1주택자가 청약에 당첨된다면 기존 주택을 처분하겠다고 서약해야 당첨된 아파트에 대한 계약이 가능하다.

이처럼 집이나 분양권을 갖고 있다면 청약 제도에선 유주택자로

번호	내용
1	지분 상속
2	지방 단독 주택
3	소형 주택
4	만 60세 이상 직계존속이 소유한 주택 또는 분양권
5	소형·저가 주택
6	미분양 분양권

(출처: 국토교통부)

판정될 수밖에 없다. 그런데 이런 주택을 아예 없는 것으로 봐주는 경우도 있다. 기존 주택이 몇 가지 조건에만 부합한다면 무주택자와 똑같이 봐주겠다는 것이다. 투명 주택인 셈이다.

표 1-29는 '주택 공급에 관한 규칙'에서 규정한 예외적 무주택 인정 기준이다. 희소한 사례는 제외하고 대표적 사례들만 최대한 쉽게 풀어 썼다. 물론 청약 제도에서만 무주택으로 인정하는 사례들이다.

1. 지분 상속

안타깝게도 상속과 증여를 구분하지 못하는 경우가 많기 때문에 단어부터 설명해야 한다. 상속이란 누군가 돌아가시면서 재산에 대한 승계가 이뤄지는 경우다. 반대로 증여는 생존하는 동안 자산을 이전하는 작업이다. 부동산에서 지분 상속이라면 집 한 채를 온전히 상속받는 게 아니라 형제나 자매 등과 나눠서 받았다는 이야기다.

뜻하지 않게 상속이 이뤄져 공유 지분을 취득하게 됐고, 이로 인해 부적격자가 돼버렸다면 얼마나 억울할까? 그래서 이 같은 경우에 대해선 해당 지분을 3개월 안에 처분하겠다고 서약할 경우 무주택 자격을 갖춘 것으로 간주한다. 3개월 안에 처분하지 못한다면 당첨된 아파트는 날아간다.

지분 상속이 아니라 집 한 채를 온전히 상속받았다면 어떨까? 이 땐 '이미 집이 있는데 왜 청약을 하는지?'의 논리가 작동한다. 무주택이 아닌 1주택 자격으로 청약한 뒤 기존 주택에 대한 처분을 서약해야 한다는 의미다. 증여에 대해서도 예외를 두지 않는다. 상속은 사망으로 인해 예기치 않게 재산의 이전이 이뤄진 것이지만 증여는 선택적으로 재산을 옮긴 것이기 때문이다.

2. 지방 단독 주택

여기서 지방이란 우선 수도권이 아닌 곳의 면 단위 행정 구역이어야 한다. 또는 도시 지역*이 아니어야 한다. 이 같은 지역에서 지어진 지 20년이 넘은 단독 주택이나, 전용 면적 $85m^2$ 이하의 단독

● '국토의 계획 및 이용에 관한 법률'에서 규정한 용도 지역 중 하나. 용도 지역엔 도시 지역과 관리 지역, 농림 지역, 자연 환경 보전 지역이 있다. 도시 지역 여부는 토지 이용 계획 확인원을 통해 확인할 수 있다.

주택, 상속으로 물려받은 단독 주택에 거주하다가 다른 지역으로 이주했다면 해당 주택을 없는 것으로 간주한다.

지방이지만 면 단위 지역이 아닌 읍내에 단독 주택을 갖고 있다면 어떨까? 이땐 면 단위 조건에 해당되지 않기 때문에 도시 지역에 해당되는지 여부를 따져야 한다.

3. 소형 주택

소형 주택이란 $20m^2$ 이하의 주택이나 분양권을 말한다. 굉장히 작은 크기이기 때문에 주로 도시형 생활 주택*이 해당된다. 다만 한 채만 보유했을 때 무주택으로 간주한다. 이 같은 주택을 2세대 이상 보유하고 있다면 2주택이다. 참고로 오피스텔은 주택이 아니기 때문에 청약에서 주택 수를 판단할 때 아예 해당되지 않는다.

4. 만 60세 이상 직계존속이 소유한 주택 또는 분양권

자주 나오는 단어이기 때문에 슬슬 외워야 한다. 직계존속이란

● 2000년대 후반 도심지 주택 공급을 늘리기 위해 주차장 등의 건축 기준을 완화하고 도입한 주택의 형태. 원룸 등 소형 위주 공급이 대부분이며, '건축법'을 적용받는 오피스텔과 달리 '주택법'을 적용받는다.

나의 부모, 또는 배우자의 부모다. 만약 만 60세 이상의 아버지를 모시고 같은 세대로 살고 있는데 아버지 명의의 집이 한 채 있다고 해보자. 이때 아버지가 가진 집을 투명 주택으로 봐주겠단 의미다. 단 청약 가점을 계산할 때 아버지는 점수(+5점)에 가산하지 않는다. 집이 있으니까.

5. 소형·저가 주택

청약에서 가장 많이 발생하는 무주택 간주 사례다. 부모님이 사시던 집을 오래전 물려받거나 넘겨받은 경우 대부분 이 사례에 해당된다. 여기서 소형이란 전용 면적 $60m^2$ 이하를 말한다. 옛 24평 정도의 크기다. 가격 기준도 존재한다. 지방이라면 공시가격$^{••}$ 기준 8천만 원 이하, 수도권이라면 1억 3천만 원 이하다. 물론 이 같은 집이 한 채일 때만 무주택으로 봐준다.

지분으로 보유하고 있는 집도 유주택으로 간주되기 때문에 해당 주택이 소형·저가 주택에 해당되는지 여부가 중요하다. 이땐 내 지분만큼의 면적과 가격이 아닌 해당 주택 전체의 면적과 가격으로 소형·저가 주택인지를 따진다. 지분은 10분의 1밖에 없지만 해당

•• 정부가 해마다 한 차례 발표하는 주택의 공식적인 가격. 매년 1월 1일이 기준이며 세제 및 건강보험료 등의 산정 근거가 된다. 통상 단독 주택은 3월, 아파트 등 공동 주택은 4월 가격이 공시된다.

주택이 전용 면적 84m²짜리 아파트라면 이미 소형·저가 주택이 아니기 때문에 서류상 유주택자가 된다는 것이다. 이럴 때 다시 1번으로 돌아가 지분 상속 주택인지를 따져봐야 한다.

6. 미분양 분양권

청약에선 분양권을 갖고 있어도 주택으로 간주된다. 하지만 미분양 분양권이라면 다르다. 여기서 미분양이란 정상적인 청약 절차에서 팔리지 않은 주택을 말한다. 이 같은 아파트는 선착순 분양을 통해 분양받더라도 그 분양권을 주택으로 보지 않겠다는 것이다.

중요한 건 미계약과 미분양을 구분해야 한다는 점이다. 최초 청약에서 경쟁이 발생했는지에 따라 간단하게 구분할 수 있다. 예를 들어 100세대 모집에 200세대가 지원했더라도 부적격 당첨이나 계약 포기 등으로 물량이 남을 수 있다. 이 같은 물량은 미계약분으로 무순위 청약을 통해 나온다. 미분양 분양권엔 해당되지 않는다.

반대로 최초에 100세대를 모집할 때부터 60세대만 지원해 40세대의 미달이 발생했다면 이는 미분양분이다. 향후 선착순 분양이 이뤄질 때 계약한다면 분양권 상태인 동안엔 무주택으로 간주된다. 해당 분양권을 갖고 있는 상태에서 다른 아파트 또한 제한 없이 청약할 수 있다는 의미다.

그리고 반드시 기억해야 한다. 1부터 6까지의 투명 주택은 일반공급에서만 무주택으로 인정된다. 특별공급에 청약할 땐 상속 주택이든 소형·저가 주택이든 주택으로 보기 때문에 무주택 자격을 혼동할 수 있다. 공공분양과 민간분양 모두 마찬가지다. 이를 혼동하고 지원해 당첨됐다면 앞에서 살펴본 대로 부적격 당첨자가 되는 것이다.

부부는 한 몸

TIP

취재했던 아파트 당첨 사례 가운데 가장 안타까운 유형은 세대를 분리한 부부의 사연이었다. 결혼 생활을 하다 보면 피치 못하게 부부가 세대 분리를 해서 따로 사는 경우가 생긴다. 사연에선 아내가 친정으로 잠시 돌아갔다. 그동안 남편이 새 아파트에 청약해 당첨됐다.

문제는 처가가 자가였다는 점이다. 즉 장인어른 명의의 집이 있었다. 아내는 장인어른 밑으로 세대 전입했으니 '유주택 세대원'이 된 것이다. 수도 없이 강조하지만 청약 제도는 무주택자가 우선하도록 설계됐다.

이런 의문을 제기할 수 있다. '남편이 별도 세대를 구성한 상태에서 당첨됐는데 아내가 유주택 세대원인 게 무슨 상관이지?' 상관 있다. 부부는 떨어져도 한 몸이다. 별도의 세대를 구성하고 있어도 하나의 세대처럼 간주한다는 것이다.

이 사연은 결국 부적격으로 판정돼 당첨이 취소됐다. 사실 아파트 입주자 모집 공고문을 잘 읽어보면 이미 안내가 되고 있는 내용이다. 글씨가 깨알 같아서 읽기 귀찮을 뿐. 하지만 뒤늦게 억울해 해도 소용 없다. 한 번쯤은 입주자 모집 공고문을 꼼꼼히 읽어보자. 청약 제도는 난수표와 같다. 공부하지 않는다면 알려진 답도 스스로 피해가게 된다.

Q 08

선분양과 후분양,
뭐가 좋을까?

　아파트 분양은 그 시기에 따라 선(先)분양과 후(後)분양으로 나뉜다. 두 방식엔 일장일단이 있다. 하지만 미디어에선 정책적 환경에 맞춰 장단점이 부각돼왔다. 주로 정부 정책에 반론을 제기하기 위한 수단으로 선분양 또는 후분양의 필요성이 강조돼왔다는 얘기다.

1-30 선분양과 후분양

이 같은 역학관계를 배제하고 각 분양 방식의 장단점을 살펴보자.

1. 선분양

아파트 착공과 동시에 분양하거나 그 시점을 전후해 분양하는 걸 통상 선분양으로 분류한다. 분양 시장에서 가장 보편적인 형태다. 청약자와 사업 주체 모두에게 자금 조달의 여유를 가져다주기 때문이다.

1,000세대 전후의 아파트 단지 하나를 짓는 데는 보통 2년 6개월 안팎의 시간이 소요된다. 청약자 입장에선 분양대금을 마련할 시간이 이만큼 주어진다는 의미다. 이 책의 서두에서 살펴봤지만 당첨 한 달 안에 계약금을 내고, 이후부턴 몇 달마다 한 번씩 중도금을 내다가 준공이 끝나고 입주할 때 잔금을 내는 식이다.

사업자 입장에서도 자금 조달이 수월하다. 분양과 거의 동시에 수천, 수백 명의 계약금이 들어오기 때문에 당장의 공사비용을 일부 충당할 수 있다. 이후 때마다 중도금도 들어온다. 현금 흐름을 확보할 수 있는 셈이다.

가장 큰 장점은 시세 차익으로 꼽는다. 물론 그 차익은 수분양자, 즉 청약자가 가져간다. 앞서 얘기한 것처럼 착공부터 준공까지 2년 6개월가량의 시차가 있다. 분양할 땐 5억 원이었던 아파트가 준공될 땐 7억, 8억 원이 될 수 있는 것이다. 최근 몇 년 동안의 상승장에선 시세가 분양가 대비 두 배 이상 오른 아파트도 많았다. 청약 당첨으로 인생이 역전된다는 의미의 '로또 분양'이란 신조어도 나왔다. 물론 하락장에선 반대의 경우가 벌어질 수 있음을 유념하자.

단점은 집의 실물을 보지도 못한 상태에서 구매해야 한다는 점이다. 수천만 원짜리 자동차도 시승은 해보고 사는데 수억, 수십 억짜리 집을 구경도 해보지 못하고 사야 한다. 모델 하우스에 견본 주택형이 있긴 하지만 모든 주택형이 마련돼 있는 건 아니다. 건설사들도 바보는 아니다. 주력 주택형, 또는 그림이 가장 멋지게 나오는 주택형을 배치하고 단점은 철저히 숨긴다.

2. 후분양

선분양과 반대로 아파트 준공 시점을 전후해 분양한다면 후분양으로 분류한다. 정부에선 선분양의 대항마적 성격으로 후분양을 확산시키려 하기도 했다. 선분양의 시세 차익이 엄청나다 보니 '아파트 당첨 = 떼돈'이란 인식이 번졌고, 이 때문에 청약 시장이 과열되는 부작용이 발생해서다.

후분양은 지어진 아파트의 실물을 보고 구매할 수 있다는 게 장점으로 꼽힌다. 다만 각 세대를 일일이 들어가 볼 수 있는 것은 아니다. 보통은 건물이 대충 어떻게 올라왔는지, 어떤 시설이 어디쯤 있는지 정도만 실물로 확인하고 나머지는 선분양과 마찬가지로 모델 하우스를 통해 봐야 한다. 후분양이란 단어만 두고 본다면 다 지어진 아파트를 보고 사는 것 같지만 법 규정에선 골조가 3분의 2 이상 올라간 이후부터 후분양으로 분류하기 때문이다.

단점은 짧은 자금 조달 기간이다. 준공 3~4개월 전에 분양한다면 당첨 이후 3~4개월 안에 잔금까지 내야 한다는 이야기다. 최근엔 SH 등 공공을 중심으로 잔금 납부 시점을 준공 이후까지 미루는 경우도 있기는 하다.

사업자 입장에서도 현금 흐름이 발생하지 않는다는 단점이 있다. 아파트를 거의 다 지은 시점이 돼서야 원금을 회수하고 이익도 가져갈 수 있다. 공사 기간 동안엔 막대한 프로젝트 파이낸싱(PF)을 통해 돈을 끌어와야 하는데, PF 이자 비용은 결국 분양가에 녹아들 수밖에 없다.

이 같은 이유로 후분양은 대개 비자발적인 경우가 많다. 선분양을 시도했지만 분양가를 책정하는 단계에서 승인을 받지 못해 일단 공사를 강행하고 나중을 도모하는 경우다. 공사하는 기간 동안 집값이 더 오른다면 그동안의 상승분을 분양가에 반영하겠다는 계산이다. 물론 반대로 집값이 떨어질 때의 위험도 감수해야 한다. 마지막 문장의 가장 대표적인 사례가 바로 둔촌주공이다. 당초 선분양을 계획했지만 조합이 원하는 분양가를 승인받지 못해 후분양으로 선회하는 과정에서 시공단과 공사비를 두고 갈등을 겪으면서 공사가 중단되기도 했다. 그사이 부동산 경기가 급랭하면서 PF 부실과 분양까지 다양한 어려움을 겪었다.

사전 청약을
말리는 이유는?

　사전 청약을 알아본 경험이 있다면 '절대 하지 말라'는 만류와 괴담에 놀랐을 것이다. 일부는 사실이다. 그런데 해선 안 되는 사전 청약이 있는가 하면 해도 되는 사전 청약도 존재한다. 사전 청약 공포론을 파는 이들은 이 점을 짚어주지 않는다.

1-31 사전 청약

앞서 살펴본 선분양과 후분양에 대입해보자면 사전 청약은 '선 선분양'에 가깝다. 그래서 어폐가 있다. '어차피 선분양인데 그걸 또 먼저 한다고?' 정확하게 따져보자면 분양 예약과 같은 개념이다. 해당 아파트의 사업이 승인되기 전에 물량 일부를 예약받는 개념 이다. 나중에 선분양 시점에 다시 본청약을 진행하면서 사전 청약 자들에게 우선 계약권을 준다.

이 개념이 처음 등장한 건 2008년이다. '반값 아파트'를 내세운 보금자리주택이 공급되던 무렵이다. 하지만 3년 만인 2011년 폐지 됐다. 땅도 확보하기 전에 사전 청약을 진행한 탓에 본청약이 계속 밀렸기 때문이다.

사업이 밀리면 사전 청약 당첨자들 입장에선 딜레마가 시작된다. 언제가 될지도 모르는 시점까지 무주택 자격을 유지할 것인지, 당 첨자 지위를 포기하고 대안을 찾을 것인지 말이다. 과거엔 대부분 대안을 선택했다.

LH가 2009~2010년 보금자리주택에 대해 진행한 사전 청약 당 첨자 13,398명 가운데 향후 본청약에서 실제 계약한 비율은 41% (5,512명)에 불과했다. 모집 공고에서 제시했던 본청약 목표 시점보 다 시기가 미뤄지자 대기자들이 아예 계약을 포기한 것이다. 경기 도 하남 감일지구 B1블록의 경우 사전 청약과 본청약의 간극이 7년 이나 벌어지기도 했다.

사전 청약이 부활한 건 정부가 3기 신도시 조성을 추진하면서부 터다. 수십만 세대 규모의 공급 대책을 마련했지만 지구 계획과 토지 보상, 용지 매각, 분양, 준공까지는 물리적으로 10년 안팎의 시간이 필요했다. 당장 오르는 집값을 잡아야 하는데 시중에 공급할 수 있는 아파트가 없었던 것이다. 그래서 묘안으로 마련한 게 3기 신도시 사전 청약이다. 일단 청약을 진행하면 당첨자들이 재고 주택 시장에 뛰어들지 않고 대기하기 때문에 집값을 진정시킬 수 있다는 판단에서다.

보금자리주택의 경험 때문에 과거와 달라진 부분도 있다. 토지 보상이 일정 부분 마무리된 곳부터 사전 청약을 진행한 것이다. 땅도 마련하지 못했는데 아파트부터 분양한 10여 년 전과 비교하면 장족의 발전이다.

하지만 3기 신도시 조성 사업 자체가 속도를 내지 못하는 게 문제다. 2022년 7월 사전 청약을 받은 남양주 왕숙1지구 S11, S12블록의 경우 본청약은 2027년 3월로 예정됐다. 입주는 2029년 12월이 목표다. 말이 2029년이지 사실상 2030년대 입주로 넘어간다는 이야기다. 왕숙 신도시 발표가 2018년이었으니 입주까지 12년이 걸리는 셈이다. 당초 정부가 제시했던 2027년 본격 입주 목표와 비교하면 한참 밀린 시간표다.

그런데 사전 청약 대상지의 면면을 잘 살펴보면 3기 신도시만 있는 것은 아니다. 검단 신도시나 고덕 신도시처럼 2000년대 후반 사업을 추진했지만 밀리고 밀린 2기 신도시도 많다.

이곳들과 3기 신도시의 차이점은 뭘까? 땅을 확보했다는 점이다. 다시 말하자면 적어도 토지 확보 문제 때문에 본청약과 입주가 차

구분	공공	민간
특별공급 / 일반공급 비율	특별 85% / 일반 15%	특별 58% / 일반 42%
청약 통장	사용으로 간주하지 않음	사용으로 간주(지위 포기 시 부활)
재당첨 제한 적용 시	신청 가능	신청 불가
소득·자산 요건	사전 청약 시점 기준 판단	
특별공급 요건		

(출처: 국토교통부)

일피일 밀릴 걱정은 없다는 이야기다. 실제로 2기 신도시나 수도권 중소 규모 택지의 사전 청약 물량은 2024년을 전후해 본청약 또는 입주를 목표로 하고 있다. 모두가 사전 청약을 겁내고 피할 때 노려볼 만한 곳들이다.

사전 청약은 당첨됐다 하더라도 본청약 시점까지 무주택 등의 자격을 유지해야 한다. 이 때문에 본청약 시점까지의 시차가 짧은 단지일수록 딜레마의 시간 또한 줄어든다. 소득 요건의 경우엔 사전 청약 당첨 이후 벌이가 증가하더라도 상관없다.

분양가를 제한하면
무조건 좋은 거 아냐?

아파트 분양가는 여러 방향에 걸쳐 정부의 통제를 받는다. 수요자 입장에선 가격이 싸면 쌀수록 좋은 걸까? 당첨된다면 그렇다.

새 아파트를 짓는 재개발, 재건축 조합이나 시행사, 건설사는 한 푼이라도 높은 가격에 아파트를 분양하고 싶어 한다. 사업의 성패가 분양가에 달렸기 때문이다. 그래서 분양 시기가 다가오면 해당 지역의 청약자들이 어느 정도 가격까지 감당할 수 있는지 수요 조사를 진행한다. 이렇게 적정 분양가를 도출한다. 물론 희망고문이다.

정부는 높은 분양가가 주변 시세 상승을 부추기고, 다시 분양가가 높아지는 악순환 구조를 만든다고 보고 있다. 시장 논리에 마냥

맡겨놓을 수만은 없다는 이야기다. 그래서 분양가를 통제하기 위한 여러 가지 장치를 동원한다. 정부의 이념과 진영을 떠나 이 같은 얼개는 유지되는 편이다.

첫 번째 장치는 주택도시보증공사(HUG)의 분양 보증이다. 분양 보증은 원래 수분양자들을 위한 것이다. '혹시 건설사가 아파트를 짓다 망해도 우리가 여러분의 분양 대금을 책임지고 돌려주겠습니다'라는 의미다. 그런데 건설사가 아파트를 짓기 위해선 이 같은 분양 보증을 필수로 받아야 한다. HUG는 이 분양 보증을 무기로 분양가를 통제한다. 가격이 내부적으로 정해둔 선을 넘어가면 분양 보증을 해주지 않는 식이다. 사실상 정부가 우회적으로 분양가를 억누르는 셈이다.

두 번째 장치는 분양가 상한제다. 정부의 직접적인 통제면서 말 그대로 가격의 상한을 정해두는 방식이다. 물론 대상 지역이 넓지는 않다. 신도시 같은 공공 택지, 혹은 서울 등 투기 과열 지구 안에서 정부가 동(洞)별로 지정한 곳에 국한한다.

사실 상한제가 등장한 건 정부와 민간의 싸움, 자존심 강한 두 천재의 대결 때문이다. 한동안 상한제는 공공 택지에서 분양하는 아파트에만 적용돼왔다. 하지만 HUG의 가격 통제에 반발한 민간에서 머리를 쓰기 시작했다. 후분양을 한다면 HUG의 분양 보증을 받지 않아도 되기 때문°에 아예 분양 시기를 미루고 가격을 높인 것

● 건설사 두 곳의 연대 보증으로 분양 보증을 갈음할 수 있다.

이다. 그러자 정부도 사문화돼 있던 분양가 상한제를 꺼내 응수했다. 도심 재개발, 재건축 아파트에도 상한제가 적용되기 시작한 것이다.

분양을 앞두고 있던 조합이나 시행사, 건설사들은 극렬 반발했다. 그리고 대안을 모색했다. 서울 용산의 고급주택 '한남더힐'이나 '나인원한남'처럼 일단 임대를 한 뒤 분양으로 돌리는 임대 후 분양 등 여러 방식에 대한 법리적 검토가 진행되기도 했다. 결과적으로 분양하겠다는 곳이 없어진 것이다. 아파트 분양이 예정보다 밀리는 이유는 대부분 가격 때문이다. 원하는 가격을 받을 수 있을 때까지 버티는 것이다.

이중 분양가 규제는 서울을 중심으로 엄청난 공급 공백을 가져왔다. 너도나도 분양을 미루다 보니 어쩌다 한 번 나오는 분양 단지의 경쟁률이 기본 수백 대 1을 넘어가기 일쑤였다. 물론 당첨자들은 기뻤다. 시세의 반값으로 새 아파트를 가져가게 됐으니.

이 같은 분양가 통제가 공공의 이익에 부합하는지는 단골 토론 소재다. 선의의 제도지만 모두에게 돌아가는 혜택은 아니고 그 과정이 낳은 부작용도 만만치 않기 때문이다.

물론 민간은 정부의 머리 위에서 논다. 명목상 분양가를 낮춘 대신 발코니 확장이나 옵션 가격을 억대로 책정하는 '깡통 아파트'도 있다. 자동차의 깡통차와 마찬가지다. 깡통차 가격은 그런대로 만만하지만 이것저것 꼭 필요한 옵션을 넣다 보면 어느새 그랜저 가격이 되지 않는가.

분양권을
되팔 수 있다고?

분양받은 아파트도 중고 거래가 될까? 된다. 나름의 당근마켓, 중고나라 같은 시장이 존재한다. 정확하게 말하자면 중도 거래, 분양권 거래 시장이 있다.

다 지어진 아파트만 사고팔 수 있는 게 아니다. 공사 중인 아파트도 분양권 상태로 사고팔 수 있다. 분양 대금을 전부 조달하기 어려운 당첨자가 웃돈을 받은 뒤 중도에 되팔고 나가는가 하면, 이 같은 분양권을 전문적으로 사고파는 투자자들도 존재한다. 중고 시장의 리셀러들이다.

분양권 투자는 여러 가지 부동산 투자 가운데 가장 쉬운 축에 든다. 계약금 10%만 내고 분양권을 들고 있다가 적절한 가격에 이를 넘긴 뒤 털고 나가면 되기 때문이다. 소액 투자가 가능한 게 최고의 장점이다. 아파트의 특성상 상품이 규격화돼 있는 데다 모든 정보도 열려 있어 접근성이 높다. 투자자들에게 각광을 받을 수밖에

1-33 분양가 상한제 아파트 전매 제한 기간

택지 유형	인근 시세 대비 분양가 수준	전매 제한	
		투기 과열 지구	이외 지역
공공 택지	100% 이상	5년	3년
	80~100%	8년	6년
	80% 미만	10년	8년
민간 택지	100% 이상	5년	—
	80~100%	8년	—
	80% 미만	10년	—

(출처: 국토교통부)

1-34 지역별 전매 제한 기간

구분	전매 제한 기간
비수도권	광역시 도시 지역 소유권 이전 등기 광역시 도시 지역 외 6개월 기타 지역 —
수도권	과밀 억제권역 및 성장 관리권역 소유권 이전 등기 자연 보전권역 6개월
조정 대상 지역	1지역 소유권 이전 등기 2지역 1년 6개월 3지역 공공 택지 1년, 민간 택지 6개월
투기 과열 지구	소유권 이전 등기

(출처: 국토교통부)

없다.

그래서 분양권 투자는 집값 상승기에 최우선적인 규제를 받았다. 분양권 전매에 기간 제한을 둔 것이다. 불편한 이야기지만 앞서 언급한 리셀러들은 이 시점부터 시중에 청약 강사로 활동하기 시작했다. 더는 분양권을 사고팔 수 없었기 때문이다.

분양권 전매 제한은 지역별로, 규제의 강도별로 다르다. 두 개의 표로 나눠 요약했지만 솔직히 이것으로 공부하길 권하지는 않는다. 기준이 많고 너무 어렵기 때문이다. 사실 입주자 모집 공고문에 그 아파트의 전매 제한 기간은 어떻게 되는지 다 나온다.

그래도 굳이 설명하자면 수도권도 아니고 규제 지역도 아닌 곳의 경우 전매 제한이 아예 없다. 아파트를 오늘 분양받아서 내일 팔아도 된다는 얘기다. 비규제 지역인 수도권이나 광역시의 외곽 지역에선 전매 제한이 6개월인데, 사실상 여기까지가 분양권 투자를 노려볼 만한 빈 틈이다.

대도시로 가면 분양권 투자가 사실상 불가능해진다. 전매 제한 기간이 아파트를 공사하는 기간 전체에 해당되기 때문이다. 광역시 도시 지역이나 수도권의 과밀 억제권역, 또는 규제 지역인 조정 대상 지역이나 투기 과열 지구에선 소유권 이전 등기 시점까지 전매가 제한된다.

소유권 이전 등기란 수분양자에게 등기가 나오는 시점, 즉 아파트가 준공되고 나서야 팔 수 있다는 의미다. 표 1-33처럼 분양가 상한제를 적용받는 아파트의 경우 이보다 오랜 기간 동안 팔 수 없다. 분양권 상태를 넘어 아파트가 지어진 뒤에도 되팔 수 없다.

　서두에 설명한 것처럼 분양권 전매는 집값 상승기에 최우선적인 규제를 받았다. 하락기엔 거꾸로 가장 마지막에 풀릴 규제라는 의미다. 이 규제가 얼마나 강력해지고 널널해지는지에 따라 시장 상황을 가늠할 수도 있는 셈이다. 점진적으로 분양권 전매 규제가 풀려간다면 그만큼 투자가 쉬워진다는 의미도 되겠지만 부동산 시장 환경이 녹록지 않다는 이야기가 되기도 할 것이다.

입주자 모집 공고문에
투자 포인트가 숨어 있다고?

간단한 전자 제품을 사더라도 설명서는 꼭 읽어보게 된다. 그런데 수억, 수십 억짜리 아파트에 청약하면서 입주자 모집 공고문을 꼼꼼히 읽어보는 사람은 많지 않다. 청약, 그리고 분양은 모집 공고가 시작이요 끝이다.

입주자 모집 공고문에 투자 힌트가 녹아 있는 경우도 있다. 아는 사람의 눈에게만 보이게끔 말이다. 다음 표 1-35는 수도권에서 분양한 한 아파트의 대금 납부 일정표다. 이 단지는 외곽에 위치한 탓에 분양권 전매 제한이 6개월밖에 걸리지 않았다. 다음 일정표는 어떤 의미일까?

구분	계약금	중도금 1회차	중도금 2회차	중도금 3회차	중도금 4회차	중도금 5회차	중도금 6회차	잔금
납부 시기 (당첨일로부터)	1개월 뒤	8개월 뒤	10개월 뒤	16개월 뒤	22개월 뒤	26개월 뒤	30개월 뒤	33개월 뒤

여섯 차례에 걸쳐 납부하는 중도금 간격을 잘 보자. 보통 4~6개월마다 낸다. 그런데 1회차와 2회차만 2개월 간격으로 붙어 있다. 그러니까 당첨일로부터 8개월 뒤에 중도금 1회차를 내고, 다시 2개월 만에 2회차를 내는 식이다.

핵심은 전매 제한이 6개월이란 점이다. 첫 중도금 날짜를 최대한 뒤로 설정할 테니 대금 납부 일정이 도래하기 전에 마음 놓고 팔라는 의미다.

만약 중도금 1회차 일정이 당첨일로부터 5~6개월 만에 찾아왔다면 수분양자가 직접 중도금을 내거나 대출을 일으켜야 한다. 애초 분양권 전매를 노린 투자자라면 번거로울 수밖에 없다. 하지만 첫 중도금 날짜를 살짝 미룬다면 투자자도 혹한다. 잘만 하면 중도금 대출을 일으키기 전에 털고 나갈 수 있겠다고 말이다.

결국 이 같은 분양 대금 일정 조정은 투자 수요를 끌어들여 아파트 초기 분양률을 높이기 위한 설계다. 목표 수익이 높지 않다면 지역에 따라 이 같은 단기 투자도 노려볼 만하다.

이와 비슷하게 중도금 이자 후불제가 입주자 모집 공고에 명시되는 경우도 있다. 중도금을 다 갚는 시점에 이자를 몰아서 내란 뜻이다. 뭔가 혜택 같지만 어차피 자신이 내는 돈이다. 나중에 낼 뿐. 그러나 분양권 전매가 열려 있는 곳에선 혜택이 되기도 한다. 나는 분양을 받았다가 팔고 나가기 때문이다. 이때 매수인에게 중도금 대출을 승계시키는데 그 대출 이자가 후불제라면? 분양권 매수인이 나중에 이자도 갚는 것이다.

물론 입주자 모집 공고는 함정을 걸러내기 위해서라도 꼼꼼히 읽어야 한다. 앞서 언급한 깡통 아파트 사례처럼 엄한 곳에서 분양가가 오르기 때문이다.

아파트 분양 시장에선 발코니를 확장해 실사용 면적을 넓히는 게 일반적인데 이때 확장 비용이 제각각이다. 통상 서울 강남 프리미엄급 아파트가 2천만~3천만 원 선이다. 일반적인 아파트의 전용 면적 84m^2라면 1천만 원 안팎으로 봐야 한다. 그런데 일부 아파트는 여기서 4천만~5천만 원을 책정하기도 한다. 자동차로 치면 후방카메라 같은 필수 옵션인데 그 값이 차값을 맞먹는 셈이다.

그렇다고 발코니 비확장 세대에 대한 홍보에 적극적이냐면 그렇지도 않다. 아예 모집 공고 자체에 '비확장 세대는 공간이 협소하다'고 써 있는 경우가 대부분이다. 모델 하우스에 가도 백이면 백 발코니 확장형으로 유니트를 구성해둔다. 최대한 넓어 보이기 위해서다. 거실이나 방의 바닥에 보이는 점선이 확장 전 발코니가 있는 위치다.

사실 공고문에서 가장 중요하게 봐야 하는 부분은 맨 뒷부분에 나온 유의 사항이다. 단지 인근 어디에 군부대가 있고, 악취가 나고, 송전탑이 지나고, 옹벽이 있고, 몇 미터 높이고, 인근 학교가 언제 지어질 예정이라는 등의 민감한 이야기가 모두 여기 모여 있다. 여러분에게 알리고 싶지 않아도 법에서 알리도록 규정한 사항들이다. 민낯 그 자체인 만큼 반드시 읽어보자.

분양받으면
안 되는 아파트는?

우리 같은 일반인들에게 아파트 청약 당첨이 인생 역전이듯 사업자들에게 '완판'은 사세 역전의 기회다. 그래서 분양 시장엔 본질을 호도하는 광고가 넘친다. 안 그래도 제도가 복잡하기 때문에 여기서 똥과 된장을 구분하기란 어렵지 않다. 물론 앞으로 된장을 고르라고 이 글을 쓰는 것이다.

'회사 보유분 마지막 분양' 또는 '회사 보유분 특별 분양'. 가장 흔하게 볼 수 있는 과대 광고다. 이 지점에서 고민해보자. 회사 보유분은 뭘까? 직원 숙소로 쓰려고 들고 있었을까?

1. 미분양

이는 바로 팔아서 돈을 벌기 위해 건물을 지었는데 다 안 팔리는 바람에 아직 들고 있다는 의미다. 우리는 이런 아파트를 세 글자로 줄여서 말한다. 미분양.

물론 회사 보유분이란 표현에 하자가 있는 것은 아니다. 아내와 데이트를 했다는 말이나, 장모님 따님 모시고 나들이를 다녀왔다는 말이나 같은 의미다.

미분양은 여러 단계의 판매 과정을 거친다. 보통 처음엔 암암리에 판매한다. 미분양이란 게 알려져봐야 좋을 게 없기 때문이다. 이땐 초기에 관심을 드러냈지만 분양엔 참여하지 않은 고객들의 데이터베이스가 활용되기도 한다. 물론 이런 여유를 부릴 수 있는 건 대형 시행사, 혹은 대형 건설사 급은 돼야 한다.

1-36 과대 광고

그래도 분양이 안 되면 조직 분양으로 간다. 영업사원들이 점조직을 만들어 수단과 방법을 가리지 않고 아파트를 판매하는 것이다. 사진 1-36처럼 대놓고 미분양을 알리는 건 거의 마지막 단계다.

2. 할인 분양

최후의 수단은 할인 분양이다. '당신만을 위한 특별 할인' 같은 건 애초에 존재하지 않는다. 마트 마감 시간 떨이일 뿐이다. 할인 분양을 한다는 건 정상적인 판매 방법으론 팔리지 않는다는 이야기기도 하다.

또한 누군가의 가격을 깎아준다는 건 정상 가격을 주고 산 다른 누군가가 피해를 입는 일이기도 하다. 이런 논란과 갈등을 감수하

1-37 할인 분양

면서까지 반드시 팔아야 하는 입장이란 이야기다.

명목 분양가를 깎아주면 기존 계약자들의 반발을 사기 때문에 옵션을 무상으로 제공하는 형태가 보편적이다. 종종 기존 계약자들까지 소급해서 아예 분양가를 깎아주는 경우도 있다. 형평성 논란을 사전에 차단하는 것이다. 손해를 다소 감수하더라도 어떻게든 분양을 완료시켜야 하는 배수진을 친 것이나 마찬가지다. 물론 악성 미분양 아파트가 반전에 성공해 집값 상승의 대표적 사례로 소개되는 경우도 왕왕 있다. 다만 이 경우엔 두 가지 전제가 있다. 원래부터 입지가 처지지 않았고, 하락장에 분양했을 뿐이라는 것이다.

아파트 광고에 자주 등장하는 또 한 가지는 교통망이다. 특히 지하철 같은 철도망은 집값을 들었다 놨다 할 정도로 영향력이 크다. 그래서 광고엔 현재 진행 중인 사업 외에도 계획 중인 사업, 확정되지 않은 구상 정도의 사업이 언급되는 경우도 많다. 지도엔 '○○역(예정)'으로 표기되는 경우가 허다하다. '예정'은 혹시 사업이 아예 추진되지 않고 엎어졌을 경우 면피하기 위한 마법의 단어다. 철도뿐 아니라 대부분의 대형 개발 사업을 언급할 때도 이 같은 경향을 보인다.

분양 기사에선 대부분의 단지가 역세권인 것처럼 표현되는데, 되도록 현장에 다녀오거나 지도로 확인하는 게 좋다. 기자들도 지도상 도보 거리를 토대로 쓰는 경우가 많기 때문이다. 개인적으론 정말 지하철역이 가까운 단지일 땐 '몇 분 거리'가 아니라 '바로 앞'이라는 표현을 쓰는 편이다.

3. 지역주택조합사업

　말도 안 되는 가격에 새 아파트를 준다는 광고도 있다. 주로 지하철이나 전단지로 홍보하는데, 자세히 보면 모서리에 'ㅇㅇ지역주택조합'이라고 써 있다. 원수가 있다면 소개시켜주길 권한다.

　지역주택조합사업은 조합이라는 단어 때문에 많은 이들이 혼동한다. 재개발, 재건축과는 엄연히 다른 사업이다. 재개발, 재건축은 그 동네 사람들이 사신들의 땅을 모아서 새 아파트를 짓는 사업이다. 반면 지역주택조합은 해당 지역과 전혀 관계없는 사람들이 모여 새 아파트를 짓자고 시작하는 사업이다. 본질은 정부가 땅을 수용해 짓는 신도시와 비슷하다.

　물론 지역주택조합사업을 진행하는 이들은 해당 지역에 땅이 없다. 돈도 없다. 봉이 김선달인 셈이다. 그래서 조합원을 모으기 위해 광고를 하는 것이고, 여러분이 본 광고가 바로 그것이다. 사람이 모여야 돈이 모이고, 돈이 모여야 땅을 살 수 있어서다. 어딘지 순서가 잘못된 것 같지만 자신들만의 절차가 있는 셈이다.

　지역주택조합사업은 대부분 망한다. 종종 성공하는 경우도 있다. 그러나 대부분 망한다. 한번 가입하면 탈퇴조차 쉽지 않기 때문에 되도록 거들떠도 보지 않는 게 좋다. 명심하자. 대부분 망한다.

줍줍은
무조건 이득일까?

　무순위 청약은 '줍줍'으로도 불린다. 아파트를 줍고 줍는다는 의미에서다. 청약 당첨이 하늘의 별 따기만큼 힘든 상황에서 추첨으로 입주자를 뽑는 유형이기 때문에 횡재를 줍는다는 의미가 생겼다. 입주 직전, 혹은 입주 후에 청약을 진행하는데도 분양가는 최초분양 당시와 별반 차이 없다는 점이 횡재 이미지를 더해주기도 했다. 하지만 무순위 청약의 특성을 제대로 모르고 덜컥 뛰어든다면 독으로 돌아올 수 있다.

　무순위 청약은 이미 청약이 진행된 단지의 물량을 모으고 모아서 다시 청약하는 절차다. 부적격 당첨자가 나왔거나 당첨자가 계

약을 포기한 경우 예비 당첨자에게 우선 배정되고, 예비 당첨자마
저 포기한다면 무순위 청약 물량으로 나오는 것이다.

과거엔 건설사들이 자체적으로 이 물량을 처리했다. 모델 하우스
마다 진행하던 잔여 세대 분양이 바로 지금의 무순위 청약이다. 하
지만 당첨자 선정의 투명성에 대한 의문이 제기됐고, 이른바 줄세
우기가 부동산 시장 과열을 자극한다는 지적까지 나오면서 청약홈
무순위 청약이 의무화됐다.

하지만 오히려 접근성이 높아지면서 경쟁은 더욱 치열해지기도
했다. 서울의 한 프리미엄 아파트는 3세대 무순위 청약에 27만여
명이 몰리기도 했다. 이 가운데 가장 저렴했던 17억 원짜리 주택형
의 경쟁률만 21만 5천 대 1을 기록했다.

이 사례는 무순위 청약에 어떤 무지성 청약이 이뤄지는지 보여
주는 사례이기도 하다. 당첨자 한 명이 계약금을 마련하지 못해 계

약 자체를 포기했기 때문이다. 분양가는 37억, 계약금은 10%인 3억 7천만 원이었다. 당첨 며칠 안에 계약금을 마련해야 하는 조건이었지만 이조차도 고려하지 않고 청약을 한 것이다. 계약을 포기한 청약자는 어떻게 됐을까? 당연히 당첨자 관리에 따른 패널티만 받게 된다.

무순위 청약의 맹점은 자금 조달 기간이 매우 빠듯하다는 점이다. 계약금은 며칠 만에, 잔금은 한두 달 안에 내야 하는 일정이다. 지방의 저렴한 아파트라면 어찌저찌 자금을 융통할 수 있겠지만 서울의 수십 억짜리 아파트라면 얘기가 달라진다.

그래서 전세 시세를 확인하고 세입자부터 구하는 전략을 펼치기도 한다. 잔금을 전액 조달할 수 없다 보니 세입자를 받아 그 보증

1-39 무순위 청약

구분		비규제 지역	규제 지역
청약홈 이용		이용 가능	의무 이용
청약 자격		해당 주택 건설 지역에 거주하는 무주택 세대 구성원인 성년자	
제한 사항	해당 주택 당첨자	청약 불가	
	부적격 당첨자	해당 주택 부적격자 불가	모든 주택 부적격자 불가
	재당첨 제한자	가능	불가
	공급 질서 교란자	가능	불가
	중복 청약	타 주택 중복 가능	당첨자 발표일이 같은 주택 1건만 가능
입주자 선정		추첨	
당첨자 관리 여부		미관리	관리
당첨 시 제한 사항		없음	재당첨 제한

(출처: 국토교통부)

금으로 치르는 것이다. 우리가 맨 처음 살펴본 새 아파트 분양 대금 납부 방법과 일맥상통하는 부분이다. 물론 그때나 지금이나 해당 아파트에 수분양자 거주 의무가 존재하는지를 최우선적으로 살펴봐야 한다.

다만 무순위 청약은 부동산 시장이 침체되면 제도 자체가 폐지될 가능성이 있다. 애초 과열된 시장을 관리하기 위해 도입된 방식이기 때문이다. 시행사나 건설사 입장에선 미계약 또는 미분양 물량이 발생할 때마다 비용을 들여 무순위 청약 공고를 내야 한다. 하락장에선 이 같은 번거로움이 비효율을 증대시키면서 미분양을 심화할 수 있기 때문에 제도의 변화나 폐지 가능성이 높은 편이다.

오피스텔 청약은
아파트와 어떻게 다를까?

　오피스텔은 주택일까? 주거용으로 쓰일 수 있지만 실제 주택은 아니다. 이름부터 '오피스'+'텔'이지 않는가.

　우리가 공부하는 청약 제도는 '주택 공급에 관한 규칙'이 그 근간이다. '주택법'은 국회 차원에서 만드는 최상위 법이고, 그 아래에 대통령령으로 정하는 '주택법 시행령'을 둔다. 다시 그 아래엔 주무 부처인 국토교통부에서 언제든 자체적으로 손볼 수 있는 세부 규칙들을 정해두는데, 청약을 관장하는 '주택 공급에 관한 규칙'이 그중 하나다.

　하지만 오피스텔은 준주택일 뿐 주택이 아니기 때문에 이 규칙을 하나도 적용받지 않는다. 일반 건축물이기 때문에 '건축법'에 따른 분양 절차를 밟는다. 청약을 하는 곳이 청약홈으로 같을 뿐이지 아파트완 전혀 다른 제도를 적용받는다는 이야기다. 그래서 오피스텔 청약엔 청약 통장도 필요하지 않고 청약 가점도 필요하지 않다. 만 19세가 넘은 몸뚱이와 돈만 있으면 된다.

한 단지 안에서 여러 타입에 청약해 당첨되는 것도 가능하다. 타입을 군(群) 단위로 묶어두는데, 같은 군만 아니라면 동일 단지 안에서 중복 청약할 수도 있다. 청약 증거금조인 신청금은 보통 수백만 원 단위다. 신청할 때 냈다가 당첨되면 계약금에서 상계하고, 떨어지면 돌려받는다. 환불 과정에선 종종 잡음이 일기도 한다.

물론 오피스텔도 청약 관련 규제를 받기는 한다. 숭어가 뛰니 망둥이도 뛴다고, 아파트 값이 오르면 오피스텔 값도 오르고 청약 경쟁도 과열되기 때문이다. 투자자들이 대놓고 몰리는 시장이다. 그래도 아파트와 비교하면 규제가 약한 편이다. 전매 제한의 경우 규제 지역에서 분양하는 100실 이상의 오피스텔일 때만 소유권 이전 등기 시점까지 적용받는다. 분양 또한 규제 지역에서만 물량의 20%를 현지 거주자에게 우선 분양한다.

오피스텔 청약을 인터넷에서 시작한 지는 얼마 지나지 않았다. 그마저도 과거엔 규제 지역의 300실 이상의 오피스텔이 기준이었다가 최근 들어서야 50실 이상으로 강화됐다. 이마저도 없던 시절엔 깜깜이 그 자체였다.

지금도 잔여 호실 등의 분양에 대해선 '초치기' 같은 방법이 쓰이곤 한다. 특정 시간대를 기준으로 가장 먼저 입금한 청약자에게 분양 자격을 주는 방식인데 초 단위로 당락이 엇갈려 초치기로 불린다.

오피스텔 청약은 분양 대행사 직원들이 사전 모집을 받는 경우가 많다. 인터넷 청약에 경쟁이 몰려도 실제 계약에선 변심 등으로 인한 미계약분이 다수 나오기 때문이다. 이 같은 미계약 물량이 결정되면 대행사 직원들이 사전에 의향을 밝힌 이들에게만 초치기용 계좌번호를 알려준다. 순식간에 당락이 결정되기 때문에 송금을 연습하는가 하면 빠른 송금 비법을 담은 족보가 암암리에 존재하기도 한다.

중요한 건 아파트와 비교해 분양 방식이 투명하지 않다는 점이다. 미계약 물량 가운데 잘 팔릴 만한 것은 따로 빼뒀다가 나중에 따로 판매하는 경우도 흔하다. 급이 떨어지는 물건들만 당장 청약 안 하면 소진될 것처럼 바람을 넣고 초치기를 진행하는 식이다. 이쯤 되면 어렵던 아파트 청약 제도가 선녀 같아 보일 것이다.

아파텔과 오피스텔은
어떻게 다를까?

부동산 시장은 눈 뜨고 코 베이는 곳이다. 큰돈이 오가고 제도는 복잡하다. 상품의 겉모습은 얼마든 위장할 수 있다. 중요한 건 골조다. 그 상품의 본질이 어떤 것인지를 파악해야 한다는 의미다.

'아파텔'은 아파트와 오피스텔의 합성어다. 정리하면 아파트처럼 지은 오피스텔이다. 다시 정리하면 본질은 오피스텔이란 이야기다. 요즘 얘기하는 주거용 오피스텔이나 주거형 오피스텔 모두 아파텔과 같은 말이다. 모두 오피스텔이다.

아파텔이 일반 오피스텔과 용어를 달리한 건 면적 때문이다. 일반적인 오피스텔은 원룸이나 투룸 형태의 소형 면적대인 데 반해

1-40 지적 편집도(출처: 네이버 지도)

아파텔은 아파트와 맞먹는 전용 면적을 가졌다. 그래서 타입도 전용 면적 $59{\sim}84\,m^2$ 위주로 나온다.

그렇다면 차라리 아파트를 짓지 왜 굳이 아파트 같은 오피스텔을 지었을까? 이땐 사업 주체의 입장에서 역지사지해보면 된다. 시행사나 건설사는 왜 이렇게 아파트를 열심히 지을까? 공사 난도는 낮은데 이익이 남기는 많이 남아서다. 그렇다면 아파트를 지을 수 없는 땅에선 어떻게 해야 할까? 아파트처럼 지으면 된다.

포털 사이트 지도 화면에서 아무 곳이나 가리킨 뒤 지적 편집도 모드를 켜보자. 땅마다 제각각의 색이 있다. 여기서 노란색과 갈색 계열은 주거지를, 붉은색 계열은 상업지를 나타낸다. 이게 바로 용도 지역의 개념이다. 그러니까 땅마다 어떤 용도의 건물을 지을 수 있는지는 이미 법으로 정해져 있는 셈이다.

붉은색의 상업 지역엔 공동 주택, 즉 아파트를 지을 수 없다. 그런데 보통 상업 지역은 도시나 권역의 중심, 교통망이 모이는 지점에 있다. 그래서 이 땅을 사들인 시행사*나 건설사가 주택처럼 지어 판매하기 시작한 게 오피스텔이다. 2010년대 들어 바닥 난방 규제가 없어진 뒤론 사실상 아파트와 거의 똑같은 아파텔이 본격적으로 등장하기 시작했다.

사실 부동산에 큰 관심이 없다면 아파트와 아파텔을 구분하기 어렵다. 커뮤니티 시설을 넣는 등 아파트와 흡사하게 짓는가 하면 단지명도 아파트처럼 짓기 때문이다. '푸르지오시티'와 'e편한세상시티'처럼 건설사 주택 브랜드 뒤에 '시티'를 붙여 구분하기도 한다. 몇몇 건설사의 경우 아예 이런 구분조차 하지 않는다.

아파텔의 장점은 입지다. 호불호가 갈리지만 상업 지역은 대개 중심지에 위치하기 때문에 교통 등 생활 편의시설이 주거지에 비해 잘 갖춰진 경우가 많다.

단점은 같은 면적이더라도 아파트에 비해 좁다는 것이다. 다음 장에서 살펴보겠지만 계약한 면적 가운데 공용 면적의 비중이 높기 때문이다. 주택이 아니지만 주택과 마찬가지의 세제를 적용받는 것도 단점이다. 그럼에도 환금성은 주택보다 낮다. 사실상 재건축이나 리모델링이 불가능하기 때문에 감가상각에 취약하다는 점도 매입 전 고려해야 할 포인트다.

● 부동산 개발업자. 디벨로퍼(Developer)라고도 한다. 국내 대부분의 아파트는 건설사가 아닌 시행사가 사업의 주체다. 건설사는 단순 도급 계약을 맺고 시행사의 땅 위에 건물을 지어줄 뿐이다. 재개발과 재건축의 경우 조합이 사업 시행자가 된다.

오피스텔은 왜 재건축이 안 될까?

법이 막고 있는 것은 아니다. 이미 법적 한도를 다 채워 집을 지었기 때문이다. 차차 살펴보겠지만 재건축에선 용적률의 개념이 중요하다. 용적률이란 땅의 면적 대비 건물 연면적을 말한다.

예를 들어 100㎡짜리 땅에 바닥 면적이 50㎡인 4층짜리 건물이 있다고 해보자. 이 건물의 연면적은 50㎡×4=200㎡라는 계산이 나온다. 100㎡짜리 땅에 연면적 200㎡짜리 건물이 들어섰으니 용적률은 200%가 된다.

용적률은 땅마다 모두 정해져 있다. 앞서 지도에서 살펴본 용도 지역에 맞춰 한도를 정해두는데, 재건축 대상 아파트들의 경우 보통 이 한도가 남아 있다. 그만큼 집을 더 지을 수 있기 때문에 재건축을 추진할 수 있는 것이다.

그러나 상업 지역에 들어서는 오피스텔의 경우 대부분 허용된 용적률을 꽉 채운 상태다. 부수고 다시 지어도 집이 늘어나지 않는다는 건 이익이 생기지 않는다는 이야기다.

돈을 벌 수 있는 것도 아닌데 당장 집까지 비워줘야 한다면 재건축을 동의할 소유주들이 있을까? 오피스텔의 재건축이나 리모델링이 현실적으로 어려운 이유다.

가장 공정한 경쟁,
청약

청약은 부동산 시장에서 가장 공정한 경쟁이 벌어지는 곳이다. 돈이 많다고 우선하지도 않고 성별에 따라 당락이 갈리지도 않는다. 모두 똑같은 규칙 아래에서 당첨을 다툰다. 오히려 이미 집을 갖고 있는 사람들이 경쟁에서 낙오된다.

개개인이 갖추고 있는 청약 조건은 쉽게 변하지 않는다. 결혼을 하거나 아이를 낳는 등 일생일대의 사건이 생기는 게 아니라면 대개 그 변화의 폭이 작다. 그래서 자신에게 가장 유리한 유형이 어떤 것인지 한번 깨우치고 나면 복잡한 제도를 다시 공부할 필요가 없을 정도다.

공공분양과 민간분양의 세부 유형은 같다. 다만 유형별 조건이 조금 다를 뿐이다. 신혼부부 특별공급의 경우 공공분양에서만 예비 신혼을 인정해준다. 생애 최초 특별공급은 민간분양일 때만 1인 가구 단독 세대의 청약이 가능하다. 이마저도 전용 면적 $60m^2$ 이하일 때만 가능하다.

　가장 큰 차이는 소득 기준이다. 공공분양의 소득 기준이 더 깐깐하다. 일반공급의 경우 민간분양에선 소득 기준 자체가 없다.

　똑같은 청약 통장을 쓰지만 일반공급의 당첨자 선정 방식 또한 차이가 있다. 공공분양에선 통장에 얼마나 오랫동안 많이 불입했는지를 따진다. 한 달에 최대 10만 원까지만 인정하는 조건이다. 반대로 민간분양에선 청약하는 면적에 맞춘 최소 예치금만 충족하면 된다. 일시불로 넣는 것도 가능하다.

　하지만 민간분양은 무주택 기간과 청약 통장 가입 기간, 부양가족 수에 따른 가점을 다시 따져봐야 한다. 지역에 따라 가점제만으로 당첨자를 뽑기도 하고 추첨제를 섞기도 한다.

　분양할 때마다 나오는 빼곡한 입주자 모집 공고문은 사실 같은 내용이 반복될 뿐이다. 다만 시기, 위치, 가격이 다르다. 여러 아파트의 분양이 겹치면서 경쟁의 분모가 달라지기도 한다. 자신의 조건은 거의 일정하게 유지되는데 대상 단지의 상태가 그때마다 변화하는 것이다.

관건은 이 지점이다. 당첨을 노릴 때 가장 유리한 유형과 단지가 어디인지를 미리 파악하고 거기에 맞춰 준비하는 일, 자신의 조건에 부족함이 있다면 이를 개선하기 위한 가장 쉬운 일이 무엇인지를 파악하는 일. 적어도 청약을 위해 왜 이사를 다니는지 정도는 알아둬야 한다.

PART 2

아하!

왜 84제곱미터가
34평일까?

앞 장에서 우리는 아파트를 전용 면적에 따라 대·중·소형으로 나눠봤다. 전용 면적 $84m^2$가 국평[*]이라는 것도 공부했다. 그런데 중개업소에 가면 이 같은 제곱미터 단위는 사실 듣기조차 어렵다. 여전히 24평, 34평 같은 옛 척관법으로 면적을 표현하기 때문이다. 1평은 $3.3m^2$다. 그렇다면 전용 면적 $84m^2$짜리 아파트는 몇 평일까? '84 ÷ 3.3 = 25' 식으로 계산되니 25평일까? 그게 아니라서 문제다.

몇 m^2냐, 몇 평이냐를 따지기 전에 정확히 어디서부터 어디까지

---

[*] 국민평형의 준말로 가장 보편적인 면적대라는 의미.

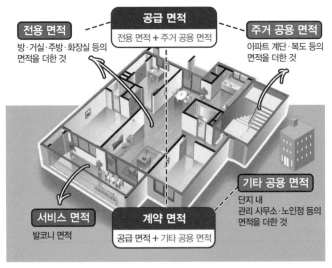

공급 면적
전용 면적 + 주거 공용 면적

전용 면적
방·거실·주방·화장실 등의
면적을 더한 것

주거 공용 면적
아파트 계단·복도 등의
면적을 더한 것

기타 공용 면적
단지 내
관리 사무소·노인정 등의
면적을 더한 것

서비스 면적
발코니 면적

계약 면적
공급 면적 + 기타 공용 면적

2-1 아파트 면적 구분(출처: 국토교통부)

가 우리 집인지를 알아야 한다. 그림 2-1에서 보듯 주택(주로 아파
트)의 면적은 기준점에 따라 용어가 달라진다. 우선 전용 면적은 방
과 거실, 화장실 등 실내에서 실제로 사용하는 공간을 말한다. 옛
실평수의 개념이다. 전용 면적을 따질 때 발코니 면적은 포함하지
않는다.

그런데 사실 집 앞에 있는 계단과 복도 또한 우리 세대가 사용하
기 위해 존재한다. 그래서 이 같은 공간도 우리 집의 면적에 포함된
다. 한 층에 두 세대가 있다면 계단의 면적을 반반 나눠 갖는 식이
다. 이 공간의 크기를 주거 공용 면적이라고 한다. 앞서 실내에서
실제로 사용하는 전용 면적과 실외의 주거 공용 면적을 합친 개념
이 공급 면적이다. 관습적으로 사용하는 평의 개념은 바로 이 공급

면적이 기준이다.

전용 면적 84㎡ 아파트는 계단 등을 더한 공급 면적이 통상 110~114㎡ 안팎이다. 이를 척관법인 평으로 환산하면 33~34평이 나온다. 그래서 34평 = 전용 면적 84㎡라는 간편식이 탄생한다. 한쪽은 공급 면적 기준인 반면 한쪽은 전용 면적이고 도량형조차 다르다 보니 처음엔 쉽게 호환되지 않는다. 사실 이 간편식엔 '공급 평수 34평 = 공급 면적 114㎡ = 전용 면적 84㎡ = 실평수 25평'이란 복잡한 계산이 숨어 있는 것이다.

전용 면적 84㎡ 아파트가 대개 34평인 것처럼 전용 면적 59㎡ 아파트 또한 24~25평인 경우가 대부분이다. 역시 '공급 평수 25평 = 공급 면적 84㎡ = 전용 면적 59㎡ = 실평수 17평'의 복잡한 계산을 줄인 것이다.

공급 면적보다 넓은 개념도 있다. 계약 면적이다. 입주민 편의 시설과 관리 사무소, 지하층 등의 면적에 공급 면적을 더하면 계약 면적이 된다. 이름에서 느껴지듯 실제로 내 돈이 녹아 있는 모든 공간을 말하는 개념이다. 다만 집의 면적을 따질 땐 전용 면적과 공급 면적까지만 본다.

개인적으론 부동산 관련 기사를 쓸 때 평 단위의 표기를 절대 하지 않는다. 모든 혼란의 출발점이기 때문이다. 중개업소에선 여전히 평이 통용되겠지만 자신이 살 집이라면 되도록 제곱미터로, 그리고 전용 면적과 공급 면적으로 따져보는 습관을 기르자. 어떤 집은 33평인데 전용 면적 84㎡기도 하고, 또 어떤 집은 35평인데 전용 면적 84㎡기도 하다. 결국 내가 누워 잘 곳의 넓이는 전용 면적이다. 배달 삼겹살의 굽기 전 크기에 대해선 아무도 관심 없지 않는가. 중요한 건 내 입으로 들어가게 될 삼겹살의 크기다.

3면 발코니 있는 집이 더 넓은 이유

앞서 발코니 면적은 전용 면적에 포함되지 않는다고 짚었다. 그런데 아파트 분양 시장에선 그림 2-2처럼 발코니를 확장하는 경우가 많다. 새 아파트뿐 아니라 낡은 아파트들도 인테리어 리모델링을 통해 발코니를 튼다. 실사용 면적을 넓히기 위해서다. 건설사들에 따르면 최근 지어지는 아파트들의 경우 전용 면적 84㎡ 주택형을 기준으로 발코니 면적이 30㎡ 안팎이다.

그럼 이렇게 발코니를 확장해 넓어지는 면적은 다시 전용 면적에 포함될까? 그렇지 않다. 발코니 확장을 통해 넓어지는 면적은 통상 서비스 면적으로 불린다. 건설사나 시행사가 붙인 이름일 뿐 법적 용어는 아니다. 하지만 의미는 분명하게 와닿는다. 전용 면적이나 공급 면적 등의 수치엔 포함되지 않지만 확장 공사를 통해 추가로 확보할 수 있는 서비스 공간의 개념이기 때문이다.

2-2의 기본형에서 발코니를 제외한 공간이 전용 면적이다. 그런데 발코니 확장형을 보면 확장 공사를 통해 넓힐 수 있는 공간이 상당하다. 결국 발코니가 넓은 집일수록 전용 면적+a 형태로 실사용 면적이 넓어지는 셈이다.

발코니의 유형 중엔 3면 발코니도 있다. 말 그대로 집의 3면을 발코니로 둘렀다. 당연히 앞서 우리가 봤던 일반적인 발코니보다 넓다. 확장

2-2 발코니 확장(출처: 우미건설)

했을 때의 면적도 그만큼 넓어진다는 의미다. 실사용 면적이 40㎡가량 넓어지는 경우도 있다. 전용 면적 84㎡ 아파트라면 120㎡로 넓어지는 것이다. 그래서 3면 발코니 설계가 적용된 집을 확장하면 아예 체급이 올라가버린다.

그런데 이 같은 3면 발코니 아파트를 서울에선 쉽게 보기 어렵다. 발코니 면적 제한 규정이 있어서다. '건축법 시행령'은 건물 외벽 둘레에 1.5m를 곱한 만큼 발코니 면적으로 사용하게끔 규정하고 있다. 외벽 둘레가 20m라면 발코니 면적은 30㎡(20m×1.5m)가 되는 것이다. 그런데 서울시 기준은 이보다 까다롭다. 외벽 둘레를 70%까지만 인정한다. 산식이 14m×1.5m로 바뀌는 것이다. 그만큼 발코니 크기가 줄어들고, 발코니가 줄어드는 만큼 확장 가능한 면적 또한 줄어들 수밖에

기본형

발코니 확장형

안방

부부욕실

공용욕실

거실

주방

침실2

침실1

2-3 3면 발코니 확장(출처: 우미건설)

없다. 이른바 '발코니 삭제 룰'이다.

제한을 두는 이유는 간단하다. 아파트의 입면, 그러니까 입체적인 외관 디자인을 유도하기 위해서다. 쉽게 말해 성냥갑 아파트를 짓지 말라는 의미다. 입체적인 입면 설계를 한 단지엔 발코니 삭제 룰을 적용하지 않거나 요율을 경감해 적용한다. 이른바 '우수 디자인 인증'이다. 하지만 서울시 기준에 따르려면 공사비가 더 많이 든다. 3면 발코니는 더욱 그렇다. 그래서 아예 처음부터 인증을 포기하는 곳도 많다. 물론 지금까지 살펴본 것처럼 우수 디자인 인증이란 게 단순히 외관이 뛰어나다는 공인에서 그치지 않는다. 같은 면적대의 다른 아파트보다 실사용 면적이 넓을 수밖에 없다. 발품을 팔 때 잘 살펴보자.

실거래가는
시세가 아니라고?

　'우리 집값은 얼마'라고 쉽게 얘기하지만 사실 집값의 종류엔 여러 가지가 있다. 실거래가와 호가, 그리고 시세다. 보통 이 가운데 가장 높은 것으로 집값을 말한다. 하지만 세 가지 가격의 속성은 모두 다르다.

1. 실거래가

말 그대로 실제 매매 거래된 가격이다. 부동산을 사고팔면 그 거래 가격을 30일 안에 신고해야 한다. 그래서 실거래가는 해당 물건의 공식적인 가격 그 자체다. 취득세와 양도소득세 등을 따지는 기준으로도 활용된다.

신고된 거래 가격은 다른 사람도 볼 수 있다. 자신 또한 다른 사람의 부동산 거래 가격을 파악할 수 있다. '국토교통부 실거래가 공개 시스템'에 모두 등재되기 때문이다. 물론 아파트의 동·호수까지 나오는 것은 아니지만 어느 단지의 어떤 면적대가 얼마에 실거래됐는지 클릭 몇 번으로 쉽게 알 수 있다. 요즘은 웬만한 부동산 앱에서도 터치 몇 번으로 조회할 수 있다.

특정 아파트의 가격 흐름을 시계열로 보고 싶다면 실거래가 통계를 활용하는 게 좋다. 실거래 신고가 의무화된 2006년부터의 거래 정보를 한눈에 볼 수 있다. 실거래가 공개 시스템 홈페이지의 메

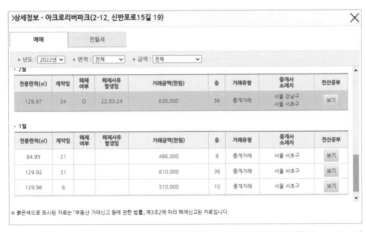

2-4 국토교통부 실거래가 공개 시스템 홈페이지(출처: rt.molit.go.kr)

뉴에서 '실거래가 자료 제공' 탭을 누르면 원하는 조건에 맞춰 엑셀로 다운로드할 수 있다.

실거래가는 정부의 집중 관리를 받기도 한다. 어마어마한 파급력 때문이다. 예컨대 소문으로만 돌던 고가 거래가 실거래가로 확인된다면 주변에 단지의 매물들도 그 가격을 추종하며 연쇄적으로 가격 상승이 나타날 수밖에 없어서다.

이를 악용해 내부자들끼리 물건을 주고받는 자전 거래나 직거래 등의 수법으로 실거래를 부풀리는가 하면, 일단 계약만 해두고 나중에 슬그머니 해당 거래를 취소하는 사례도 나온다. 실거래 신고는 계약 여부를 따지지 실제 잔금까지 주고받았는지는 들여다보지 않는 점을 이용한 것이다. 일종의 바람잡이 거래인 셈이다. 이 같은 부작용 때문에 현재는 중개 거래인지 직거래인지, 중개 거래라면 중개사의 사무실 소재지가 어디인지, 취소된 거래인지 여부까지 모두 신고하도록 의무화됐다.

실거래가는 가장 정확한 가격이지만 역설적으로 현재를 보여주는 가격이 아니라는 한계도 갖고 있다. 오늘 등재된 실거래 가격이 오늘 거래된 가격은 아니기 때문이다. 계약일로부터 30일 이내 신고해야 한다는 건 조회 시점까지 최대 30일의 시차가 발생한다는 이야기이기도 하다.

거래가 급속 냉각되는 빙하기엔 더욱 유물스러운 가격에 가까워진다. 마지막 실거래가 등재가 5~6개월 전에 이뤄진 단지도 비일비재하기 때문이다. 현재 가격을 알고 싶어도 알 수 없는 것이다.

상승기든 하락기든 이만한 시간이면 가격차가 억대로 벌어지기 때문에 사실상 실거래가의 의미가 없어지는 셈이다.

2. 호가

실거래가 사이의 텀을 메워주는 게 호가(呼價)다. 한자 그대로 부르는 가격, 중개업소에 들르면 유리창에 붙어 있는 가격, 포털 사이트에서 아파트 단지를 검색하면 나오는 가격이 바로 호가다. 매도인이 부르는 가격에 응하면 거래가 성사되는 것이고, 아니라면 호가가 내려간다.

호가의 특징은 늘 현재의 가격이란 점이다. 물론 가장 마지막 실거래 가격이 기준점이다. 여기서 매물별 입지나 상태에 따라 가격을 가감해서 호가를 정한다.

문제는 이른바 호가 뻥튀기가 많다는 점이다. 상승기엔 호가 상향 평준화가 이뤄지기 때문에 가격을 있는 그대로 신뢰하기는 어렵다. 실거래가에서 신고가가 찍히면 호가도 거기 맞춰 모두 오른다. 같은 단지에서 상대적으로 입지나 상태가 떨어지는 물건도 마찬가지다. 그렇다고 하락기에도 떨어진 실거래 가격이 반영되느냐면 그렇지도 않다. 내릴 땐 천천히 내린다.

중개업소들도 할 말은 많다. 호가를 조금이라도 낮게 책정하면 입주민들이 집단 행동으로 대응하기 때문이다. 입주민 카페 등 커뮤니티를 통해서 해당 중개업소를 끼고 거래하지 않도록 다른 이웃들에게 종용하는 일도 서슴지 않는다. 자신들의 자산 가치에 손해를 가져왔다는 논리다. 사실상의 가격 담합이다. 물론 이 같은 행위에 대해선 정부도 지속적인 단속을 통해 처벌하고 있다.

과거엔 허위 매물이 극성을 부렸다. 낮은 호가에 매물을 올려두고 막상 찾아가거나 전화를 해보면 '팔리고 없다'는 식이다. 전자상가나 중고차 거래에서 많이 보던 수법이다. 허위 매물 단속이 중개업계의 자율에 밀겨졌기 때문이다. 하지만 2020년 '공인중개사법' 개정을 통해 중개사에 대한 처벌 규정이 강화된 뒤 허위 매물 문제는 크게 감소한 편이다.

3. 시세

사전적 의미의 시세라면 앞서 살펴본 실거래가와 호가 모두 해당된다. 하지만 부동산 시장에서의 시세는 KB시세의 의미도 있다. KB시세는 국민은행이 집계하는 가격이면서 모든 주택담보대출의 기준이기도 하다.

우선 정기적으로 국내 집값 동향을 집계해 공표하는 기관 및 업체는 세 곳이다. 한국부동산원(옛 한국감정원)과 국민은행, R114(옛 부동산114)다. 한국부동산원의 경우 정부 공인 통계로 활용되기 때문에 기사 등 언론 매체에 주로 인용된다. 하지만 상황에 따라 통계가 마사지된다는 의혹을 줄곧 받기도 한다.

국민은행과 R114는 민간업체다. 두 곳 모두 회원중개업소망을 토대로 지역별 시세와 그 변화를 측정하는데, R114는 조사가 수도권에 한정돼 있다. 국민은행의 경우 1986년부터 조사를 시작해 회원망이 전국에 깔려 있다. 이 때문에 시장 상황에 대한 반영이 빠르다는 평가도 받는다. 예나 지금이나 투자자들이 가장 애용하는 통계다.

KB시세가 중요한 건 앞서 얘기한 것처럼 모든 주택담보대출의 기준이기 때문이다. 대출을 받으려면 담보물에 대한 가치를 산정해야 하는데, 그 가치가 바로 KB시세라는 이야기다. 어떤 아파트 시세가 얼마인지는 KB부동산 홈페이지(kbland.kr)에서 쉽게 볼 수 있다.

2-5 국토교통부 실거래가 공개 시스템 홈페이지(출처: rt.molit.go.kr)

등기라고 한다. 그 아파트가 지어진 뒤 최초의 소유자에게, 보통 수분
양자 앞으로 보존등기가 난다. 이후로 이 집을 거래할 때 서로이 명의
로 등기를 옮기는 과정이 바로 소유권이전등기다.

보존등기는 아파트가 지어지는 날 이뤄지는 게 아니다. 보통 준공 이
후 2~3개월가량의 시간이 소요된다. 행정적인 시간차 때문에 이 기간
동안의 거래는 아파트가 아닌 분양권 또는 입주권 거래로 간주되는 것
이다.

그런데 재개발·재건축 아파트는 보존등기가 나기까지 수년의 시간이
걸리기도 한다. 서울 도심에도 7~8년째 등기가 나지 않는 아파트가
허다하다. 이른바 미등기 아파트다. 원인은 대부분 땅이다. 재개발·재
건축 사업은 기존의 건물을 모두 허물고 조합원들의 땅만 남겨둔 상황
에서 진행하는데, 사업이 끝난 뒤 이 땅을 다시 나누는 과정에서 잡음
이 생겨나기 때문이다. 조합이 소송을 맞고, 또 그 소송에서 진다면 등
기는 정말 요원해진다.

재개발·재건축 아파트의 실거래가는 이 같은 이유로 준공 이후에도
분양권이나 입주권에서 찾아봐야 하는 경우가 많다. 사실 등기가 없다
는 건 은행 입장에서 담보물이 없다는 얘기와 마찬가지다. 출생신고도
안 된 아파트를 담보로 돈을 빌려줄 은행은 없다.

그래서 미등기 아파트엔 두 가지 매물이 존재한다. 첫째는 조합원 매물이다. 건물은 미등기 상태지만 원래 갖고 있던 땅은 존재하기 때문에 이를 사들이면서 담보 대출을 일으킬 수 있다. 둘째는 일반 수분양자 매물이다. 건물은 존재하지만 미등기 상태기 때문에 담보 대출이 불가능하다. 이 같은 이유로 수분양자 매물이 조합원 매물과 비교해 가격이 얼마가량 낮게 책정돼 있는 경우가 많다. 하지만 거래가 번거롭고 안전장치가 불확실하므로 주의하자.[*]

● 통상 미등기 아파트는 잔금을 일정 부분 남겨두는 불완전 거래 형태가 많다. 향후 보존등기가 나는 시점에 원소유주 명의로 등기를 했다가 다시 매수자 명의로 소유권을 이전하는 복등기 형태로 거래가 진행된다. 남겨뒀던 잔금도 이때 치른다. 사실상 등기 시점까지 잔금을 무기한 미루는 거래인 셈이다.

계약을
물릴 수도 있을까?

집을 사기 위해 계약을 맺었다가, 혹은 집을 팔기 위해 계약했다가 이를 번복할 수도 있을까?

약간의 돈을 포기한다면 가능하다. 당장은 그 돈이 아까울지 몰라도 시장이 급변하는 상황에선 오히려 돈을 벌어다 주는 경우가 되기도 한다. 사기로 했다가 계약을 파기한 집의 가격이 쑥쑥 떨어진다거나, 반대로 팔려다가 이를 물린 집의 가격이 껑충 뛰기도 하기 때문이다.

1. 내가 매수인이라면

매수인 입장에서 계약을 파기하려면 계약금을 포기하면 된다. 통상 계약금은 매매대금의 10% 안팎이다. 정상 거래로 이어졌다면 계약금을 제외한 잔금을 치르면서 소유권을 가져온다. 하지만 계약을 맺은 지 한두 달 만에 집값이 그 이하로 떨어지고 있다면? 맨정신으로 계약서를 들여다보기 어려울 것이다. 이럴 때 매수인에게 주어지는 선택지가 계약 파기다. 계약금 포기는 일종의 위약금인 셈이다.

2. 내가 매도인이라면

매도인 입장에서 계약을 깨려면 어떻게 해야 할까? 계약금만 돌려주고 끝낸다면 좋겠지만 배액배상이 원칙이다. 그러니까 매수인이 냈던 계약금을 일단 반환하고 또 그만큼의 돈을 추가로 지급해야 한다는 의미다. 이것도 일종의 위약금이다. 통상 집값 상승기에 많이 나타나는 현상이다. 집을 팔기 위해 계약했는데 잔금을 기다리는 동안 수억 원이 더 올라버렸으니 강호의 도리 같은 건 안중에 없지 않겠는가.

3. 창과 방패

이 같은 상황에서 창과 방패가 대결한다고 해보자. 매도인은 어떻게든 계약을 깨려는 심산인데 매수인은 어떻게든 집을 사고야 말겠다는 경우다.

이때 매수인 입장에선 가능한 빨리 중도금을 불입하는 걸 생각해봐야 한다. '민법'은 이행착수 이후 변심에 의한 해약이 불가능하다고 규정해두고 있기 때문이다. 말이 이러서서 그렇지 여기서 이행착수란 계약을 정상적으로 이행하기 위한 일련의 일들을 말한다. 그러니까 잔금을 내기 전 일정 금액의 중도금을 내는 것도 이행착수에 해당한다. 이 과정 이후 매도인이 변심으로 계약을 해지하는 건 불가능하다는 이야기다.

취재를 하며 만난 일선 변호사들은 계약을 맺을 때부터 계약금 → 중도금 → 잔금 형태의 대금 납부를 명시하는 게 좋다고 입을 모은다. 대부분의 매매 계약은 계약금 → 잔금 형태이기 때문에 잔금일 전에 얼마든 해지가 가능해서다. 하지만 소액이라도 중도금을 끼워 넣는다면 단순 변심으로 인한 해지가 불가능하도록 일종의 계약 굳히기 효과를 볼 수 있다.

중도금을 보낼 땐 약속한 날짜가 아니어도 상관없다. 매수인 입장에서 돈을 미리 준다는 건 그만큼 손해를 보면서까지 대금을 조기에 집행하는 것이기 때문에 이를 막을 순 없다는 게 대법원의 판단이다. 쟁점을 다투는 사안에서 대법원의 판례라는 건 '내 밑으로

다 따라해'라는 의미와 같다.

　그렇다면 매도인이 중도금을 반환하고 다시 그만큼의 금액을 배액배상한다면 계약은 파기될까? 아니다. 앞서 짚어본 것처럼 매수인이 중도금을 보내면서 이행착수를 한 상황이기 때문에 변심으로 인한 계약 파기는 불가능하다.

　매도인에게도 방패는 있다. 이행착수의 상황이 만들어지지 않도록 하는 것이다. 지금까지 살펴본 사례와는 반대로 계약을 맺을 때부터 최대한 중도금 조항을 두지 않는 게 좋다. 아니라면 중도금 조항을 두더라도 약속한 날짜가 아니라면 입금할 수 없다는 조항을 넣어두는 게 안전하다.

　매수인과 매도인의 눈치 싸움이 치열해지다 보면 이행이나 배상이 이뤄지지 않도록 계좌 자체를 없애버리는 경우도 종종 있다. 당연히 상대와 전화 연락도 되지 않는다. 이땐 중개사를 통해 송금 의사를 밝히거나 문자 메시지 등으로 통보해 증거를 남겨둬야 한다. '나는 지금 돈이 모두 준비됐고 입금할 준비도 다 됐는데 너와 연락이 되지 않는다'는 증명이다. 이게 이행제공의 개념이다. 이행할 만반의 준비가 끝났으니 받아만 가라는 의미다. 이때 돈은 법원에 공탁●하면 된다.

●　금전 등을 기관에 맡기는 일. 채무자와 채권자와 연락이 되지 않거나, 또는 채권자가 불분명할 때 채무자는 공탁을 통해 채무를 이행한다.

4. 가계약

실무에선 계약 이전 가계약을 거는 경우도 많다. 정식 계약 전 의사 타진, 일종의 '찜'과 같은 의미다. 계약금이 매매대금의 10%라면 가계약금은 1천만 원 등 정액으로 설정하는 경우도 많다.

사실 관행적으로 이뤄질 뿐 법에선 가계약을 인정하지 않는다. 그런데 배상 의무를 따질 땐 계약과 같은 취급이다. 위약금은 계약금 기준이기 때문이다.

예를 들어 5억 원짜리 아파트의 계약금이 5천만 원인데 일단 1천만 원짜리 가계약을 걸었다고 해보자. 이때 매수인이 계약을 깨려면 가계약금 1천만 원을 포기하는 게 아니라 정상 계약금 5천만 원을 채워서 돌려줘야 한다. 그러니까 이미 가계약금으로 지급한 1천만 원을 제외하고 차액인 4천만 원을 매도인에게 추가로 내야 한다는 의미다. 정식 계약을 번복한 것으로 간주하기 때문이다.

매도인 입장에서도 마찬가지다. 계약을 파기하려면 매수인에게 받은 가계약금 1천만 원을 우선 돌려주고 정식 계약금에 해당하는 5천만 원을 추가로 뱉어내야 한다. 억울해도 어쩔 수 없다. 불안하다면 위약금에 대한 약정을 따로 해두자. 가장 확실한 건 의사를 번복할 필요가 없을 정도로 치밀하게 분석한 뒤 집을 사는 것, 의사 결정 이후 주변의 의견에 귀를 너무 팔랑거리지 않는 것이다.

갭투자는
얼마부터 할 수 있을까?

최근 몇 년 동안 자산가가 됐다거나 경제적 자유를 이뤘다는 이들의 성공 방정식은 갭(Gap)투자로 요약할 수 있다. 여기서 갭이란 전세 가격과 매매 가격의 차이를 말한다. 예를 들어 매매 가격이 2억 원인 아파트에 세입자가 1억 7천만 원짜리 전세로 살고 있다면 차액인 3천만 원만 내고 그 집을 매수하는 식이다.

갭이 작을수록 레버리지 효과는 극대화된다. 차액만을 내고 집을 사는 게 가능한지 선뜻 이해되지 않을 수 있다. 그러나 가능하다. 때론 차액, 그러니까 갭 자체가 없는 경우도 있다. 오히려 집을 사면서 돈을 받는 사례도 있다. 어떻게 이런 일이 가능할까?

사실 갭투자는 전세 제도가 만들어낸 기형적인 거래 방식이다. 세입자의 전세 보증금은 집주인에겐 채무와 마찬가지인데, 매수인이 이 채무를 인수하는 대신 그만큼의 매매대금을 치르지 않기 때문이다. 그렇다면 매수인이 인수할 채무를 상환할 능력은 될까? 대부분은 그럴 깜냥이 못 된다. 그럼 누가 상환할까? 다음 세입자다.

갭투자의 전제 조건은 다음 세입자에게서 보증금을 올려받을 수 있느냐, 아니면 적어도 같은 보증금을 받을 수 있느냐다. 처음 언급한 매매 가격 2억 원, 전셋값 1억 7천만 원짜리 아파트 사례로 돌아가보자. 매매 가격 − 전세 가격 = 차액 3천만 원을 주고 산 매수인에겐 채무 1억 7천만 원이 생겼다. 그의 전 재산은 이 집을 산 3천만 원. 그런데 세입자는 곧 만기가 다가와 퇴거할 예정이라고 한다. 이때 구세주가 바로 다음 세입자다. 다음 세입자에게 적어도 1억 7천만 원의 전세 보증금을 받을 수 있다면 그 돈 그대로 기존 세입자에게 돌려주면 된다.

은행 대출을 한 푼도 일으키지 않았는데 전세라는 사금융 대출이 계속해서 일어나는 것이다. 이 과정에서 보증금을 혹시 1천만 원이라도 올려받을 수 있다면 그대로 짭짤한 수익이 된다. 반대라면 바로 역전세* 사고다. 그래서 보통의 갭투자는 수급 여건상 전

● 전세 가격이 하락해 만기 퇴거하는 세입자의 보증금을 온전히 돌려줄 수 없는 상황. 새로운 세입자를 받더라도 차액만큼을 집주인의 비용으로 해결해야 한다. 만약 현재 집값이 2년 전의 전셋값보다 하락해 집을 팔더라도 세입자의 보증금을 온전히 돌려줄 수 없는 상황이라면 깡통전세라고 한다.

세 가격이 오를 곳에서 집중적으로 이뤄지는 편이다.

갭투자를 이해하기 위해선 부동산 가격의 두 축인 매매 가격과 전세 가격의 속성을 알아야 한다. 매매 가격엔 그 집이 깔고 앉은 땅의 가치, 미래의 가치까지 포함돼 있다. 그래서 다 무너져가는 강남 썩다리 재건축 아파트가 수십억 원을 호가하는 것이다. 갖고만 있으면 미래엔 타의 추종을 불허할 것이기 때문이다.

그런데 같은 아파트라도 전세 가격은 만만한 편이다. 명색이 강남인데 강북 웬만한 아파트 전셋값과 별반 다를 게 없다. 전세 가격은 언제나 사용 가치, 즉 현재의 가치만을 보여주기 때문이다. 전세로 살고 있다고 해서 소유권자처럼 미래의 호사들을 누릴 수 있도록 보장되는 게 아니다. 그래서 미래의 거품을 다 뺀 현재만의 가격이 바로 전세 가격이다.

이 같은 이유로 전세 가격은 교통이 편리한 곳, 그리고 그런 지역의 신축 아파트일수록 높게 형성되는 경향이 있다. 매매 가격도 비슷한 공식이 적용되지만 지역의 등급이나 미래 호재가 아파트 연차를 상쇄해버리는 경우가 많다. 하지만 전셋값은 대체로 편의도가 최우선적으로 고려되는 편이다. 그래서 이른바 구축 아파트에선 인테리어 리모델링을 마친 집의 전셋값에 웃돈이 붙는다.

또 전셋값은 매매 가격보다 수급에 민감하다. 주변에 새 아파트가 준공되면 떨어지고, 당분간 입주가 없다면 오르는 식이다. 매매 가격은 가격 결정 요인이 무수하게 많지만 전세 가격은 수급만으로도 가격 움직임에 대한 설명이 가능할 정도다.

갭투자를 전문적으로 하는 투자자들은 매매 가격과 전세 가격의 이 같은 속성을 집요하게 파고든다. 시작할 때부터 지지 않는 게임을 만들어두고 출발하기 위해서다. 중도에 세입자를 바꾸거나 계약을 갱신하면서 보증금을 올려 수익을 취하고, 마지막엔 매각하고 나오면서 시세 차익까지 얻는 이중 수익 구조다.

갭투자란 이름이 뒤늦게 정착해서 그렇지 사실 이 같은 거래 방식은 오래전부터 있어왔다. 다만 최근 몇 년 동안은 부동산 시장 상승기와 맞물려 정보를 공유하고 확산시킬 만한 플랫폼이 늘어나면서 소액 갭투자가 우후죽순 증가했다. 소액이라면 통상 500만~5천만 원 정도의 갭을 말한다. 5천만 원짜리 갭을 끼고 한 채를 사느니 500만 원짜리 열 채를 사는 사람도 허다하다. 지방 부동산 시장일수록 이 같은 소액 갭투자가 횡행하는 편이다.

얼어붙고 하락하는 시장에선 갭투자의 여러 가지 전제가 무용지물이 되기도 한다. 우리가 살펴본 것처럼 2억 원짜리 집의 집주인 전 재산이 3천만 원뿐이잖는가. 세입자가 집주인보다 돈이 많다는 게 갭투자의 그늘이다. 누군가를 수백 억대 자산가로 만들어준 대신 또 다른 누군가를 헤어날 수 없는 빚의 구렁텅이에 몰아넣는 게 바로 갭투자다.

무피 투자와 플피 투자

서두에서 언급한 것처럼 갭투자가 극단적으로 발전하면 아예 갭이 존재하지 않기도 한다. 이 같은 갭투자를 흔히 무피(無P) 투자, 또는 무갭(無Gap) 투자라고 부른다. 무피 투자가 조금 더 통용되는 용어기 때문에 이 책에선 무피 투자를 쓴다. 여기서 P는 프리미엄, 즉 웃돈을 말한다. 매수인이 자기 돈을 들일 필요가 없는 투자다.

정확히는 처음 거래부터 돈이 한 푼도 들지 않는 것은 아니다. 전세입자를 받으면서 원금 회수를 모두 마치는 개념이다. 일단 시세보다 싼 매물을 잡은 뒤 전세를 올려 받는 식이다. 이 과정에서 리모델링 등 보증금 수준을 밸류업 할 수 있는 여러 가지 수단이 동원된다. 시세보다 싸게 매수하기 위해 경매를 통하는 경우도 있다. 중요한 건 아직 부동산을 매각도 하지 않은 상황에서 투자의 시작과 동시에 손익 분기점을 맞추는 투자라는 것이다.

플피 투자는 무피에서 확장한 플러스 피(Plus P) 투자를 말한다. 이번엔 프리미엄이 생겨나는 것이다. 그러니까 세입자를 받으면서 손익분기점이 맞춰지는 정도가 아니라 아예 넘어서는 것, 이익이 생겨나는 것이다.

무피 투자와 플피 투자는 대개 그 규모가 큰 편이 아니다. 매매 가격 자체가 1억~2억 원 언저리로, 플러스되는 프리미엄 또만 1천~2천만 원 안팎이다. 하지만 종잣돈이 없는 투자자들에겐 이른바 시드 머니를 만들 수 있는 투자법으로 각광받는다. 그래서 이런 투자는 한두 채에 그치지 않는 경우가 많다. 또 한 건에서 일어난 사고가 다른 물건에도 연쇄적으로 영향을 미치기 때문에 최소한의 출구 전략을 만들어둘 필요가 있다.

투자자들은
어디에 돈을 묻을까?

앞서 살펴본 것처럼 가장 쉬운 부동산 투자는 갭투자다. 그래서 대부분의 부동산 투자자들은 갭투자자다. 자본을 적게 들일 수 있고 필요한 정보 또한 도처에 공개돼 있어서다. 성패는 정보를 어떻게 취합하느냐에 따라, 지역과 단지를 어떻게 솎아내느냐에 따라 달라진다.

취재원으로 만난 갭투자자들이 공통적으로 지키는 철칙은 무조건 아파트만 사는 것이다. 단독 주택과 다세대, 다가구 등 주택만 해도 여러 가지 종류가 있지만 반드시 아파트만 투자 대상으로 삼는다.

1. 아파트를 공략하라

아파트는 주택 가운데 가장 규격화돼 있는 상품이다. 지역별, 그리고 단지별, 같은 단지 안에서도 동과 향별 개별성이 존재한다지만 일단 같은 면적대의 집군이 존재한다. 그리고 같은 면적대 안에선 설계 또한 거의 비슷한 구조다. 그래서 101동 101호의 실거래 가격이 없더라도 이와 비슷한 301호, 401호의 거래 가격을 통해 적정가를 산출해낼 수 있다. 그리고 이 같은 규격화와 높은 선호도는 되팔고 나오기 쉬운 환금성으로 이어진다.

2. 손품과 발품을 팔아라

손품과 발품 파는 걸 게을리하지 않는 것도 투자자들의 중요한 습관이다. 당연한 이야기 같지만 꾸준히 하기 가장 어려운 부분이기도 하다. 손품은 시세 통계 등 인터넷에 공개된 데이터와 정보를 취합하는 걸 말한다. 최근엔 호갱노노, 부동산지인, 아실 등 이 같은 정보를 모아 보여주는 앱이나 툴도 많은 편이다. 거리뷰 등 골목골목을 보여주는 지도나 포털 사이트 시세판을 통한 전화 취재로도 기초적인 자료 조사를 할 수 있다. 사실 시장이 과열된 상황에선 실제로 집을 보지 않고 사는 경우도 허다하다.

부동산을 직접 눈으로 보기 위해 발품을 팔면 한번에 여러 가지

정보를 얻을 수 있다. 문제는 늘 그럴 만한 시간을 내긴 어렵다는 점이다. 그래서 특정 권역을 묶어 한번에 발품을 팔고 오는가 하면 여럿이 팀을 이뤄 발품을 팔기도 한다. 요즘은 이런 정보 수집 행위를 발품보단 임장으로 표현하는 편이다.

임장을 통해선 지역별, 단지별 고유한 특수성을 파악해야 한다. 특히 행정 구역이 나뉘더라도 도시 전체가 같은 생활권으로 묶이거나, 같은 행정 구역이더라도 다른 생활권으로 나뉘는 곳들이 존재하기도 한다. 이 때문에 직접 눈으로 보고 파악한 것뿐만 아니라 현지의 빠끔이 중개업소를 통해 설명을 듣는 게 훨씬 유익하다. 중개업소와의 네트워크 구축도 굉장히 중요하다. 향후 그 중개업소를 통해 세입자를 들여야 할 가능성이 높기 때문이다.

투자자들마다 중개업소 활용 방법은 다른데, 여러 곳의 중개업소를 거치기보단 특정 중개업소를 지정해두고 거래하는 투자자들도 있다. 물건을 공급받을 때도, 세를 놓을 때도 우선순위가 확보되기 때문이다. 이들과 거래할 때 약간의 웃돈을 얹어주는 게 나름의 관리라면 관리다.

3. 입주물량을 주시하라

데이터를 취합할 때 가장 중요하게 봐야 하는 건 입주물량이다. 전세 가격은 입주물량에 좌우되고 갭투자는 전세 가격에 따라 명

운이 결정되기 때문이다. 그래서 앞서 언급한 부동산앱 대부분은 지역별, 연도별 입주물량 데이터를 제공한다. 일부 앱은 갭투자 적정성을 분석해주기도 한다.

하지만 이렇게 정리된 데이터를 받아보는 것보다 원본 데이터 상태일 때부터 직접 분류하는 걸 좋아하는 투자자들도 있다. 조금 더 구체적인 정보를 확인할 수 있기 때문이다. 예를 들면 구 단위로 집계되는 입주물량을 동 단위로 추려낸다거나 아파트의 면적대별로 분류하는 것이다. 특정 지역에 예년보다 많은 물량의 새 아파트가 입주하더라도 동에 따라, 또 면적대에 따라 전세 수요에 미치는 영향은 다르기 때문이다. 이 같은 방법은 통상 네이버부동산의 매물 페이지에서 분양권 항목을 일일이 엑셀에 정리하는 식이다.

입주물량은 아파트 단지들의 입주자 모집 공고문을 통해 집계된다. 분양 시점에 제시한 입주예정일을 파악한 뒤 하나로 합치면 전국 단위 입주물량이 취합되는 것이다. 1천 세대 안팎의 아파트 단지 하나를 짓는 데는 2년 6개월 안팎의 시간이 걸린다. 다시 말해 공고문 기준으로 집계할 경우 최소 2년 6개월~3년 뒤의 물량까지 거의 정확하게 추산할 수 있는 데이터가 된다는 뜻이다. 언론에 주로 공표되는 아파트 입주물량은 대부분 이런 식이다. R114(옛 부동산114)가 집계해 언론에 제공하기 때문이다. 현재는 R114의 데이터가 한국부동산원 청약홈 홈페이지에도 제공된다.

입주물량을 정확하게 파악할 수 있다는 건 미래의 전세 가격을 내다볼 수 있다는 이야기이기도 하다. 만약 입주가 줄어드는 해가 있다면 그 해엔 전셋값이 오르며 매매 가격과의 갭이 줄어들 여지가 크다. 이때를 적기로 노리고 갭투자에 나서는 투자자들이 있는가 하면 이보다 1~2년여 전에 한 박자 빠르게 투자에 나서는 이들도 있다. 당장은 갭이 다소 크더라도 일단 가격 경쟁을 피할 수 있고, 오히려 후속 투자자들에게 물건을 넘기며 안정적으로 털고 나올 수 있기 때문이다. 갭투자의 본질이 폭탄 돌리기라는 것을 너무나도 잘 알고 있는 유형의 투자자들인 셈이다.

반대로 입주가 늘어날 땐 자연히 전세 가격이 떨어진다. 꾸준히 입주물량이 많다면 전셋값은 바닥을 모르고 고꾸라지는데, 이 정도 상황이면 보통 집값도 함께 미끄러진다. 투자자들은 이런 현상이 벌어지는 지역이 반등하는 시점을 기다린다. 잊지 말자. 우리는 미래를 볼 수 있다. 적어도 2년 6개월 뒤까지는.

집값과 전셋값이 추락하고 있지만 앞으로 머지 않은 시점에 공급이 끊길 예정이라면 반등의 가능성 또한 높다. 그래서 이 시점에 바닥 잡기를 노리고 들어가는 투자자들이 있는가 하면 이번에도 1~2년 전에 한 박자 빠르게 진입하는 투자자들도 있다.

물론 입주물량과 전세 가격의 반비례성은 일반적인 상황에서의 이야기다. 전세 가격이 전월 대비, 전년 대비 입주물량의 증감폭만으로 결정되는 것은 아니기 때문이다. 어떤 지역은 연평균 2천 세대가 입주하는 것만으로도 공급 폭탄급 부담으로 작용하는가 하면, 어떤 지역은 연평균 5천 세대도 부족하게 받아들인다. 결국 지역별 적정 수요를 파악하는 게 급선무란 이야기다.

4. 데이터를 취합하라

과거 한 유명 갭투자자의 경우 인구수에 0.005를 곱한 값을 적정 주택 수요로 제시하기도 했다. 인구학자들이 제시한 적정 주택 수요의 평균치를 내기 위한 간편식이다. 이 계산식에 따른 입주물량이 넉넉해질 때까지 전세 가격은 매매 가격을 밀어올리기 때문에 앞으로 2~3년 희소할 집을 찾아 그 가치에 투자하면 된다는 게 그의 논리였다.

특이점이 나타나는 지역이 아니라 아예 단지를 찾는 방법도 있다. 사실 대부분의 강의는 지역과 단지를 콕 찍어서 설명하는 게 핵심이다. 아예 갭투자 매력도가 높은 아파트를 알려주는 앱도 있다. 하지만 지금 어떤 아파트 단지에 투자자가 많이 몰리고 있는지는 어렵지 않게, 그리고 돈을 들이지 않고도 알아내기 쉽다. 우리가 앞서 공부했던 국토교통부 실거래가 공개 시스템을 통해서다.

실거래가 공개 시스템에서 실거래가 자료 제공 메뉴에 들어가면 지역별, 기간별 정보를 엑셀로 다운로드할 수 있다. 최근 매매 가격이나 전세 가격이 이상 급등했던 지역을 선택한 뒤 한두 달치의 엑셀을 다운로드하면 최근 실거래 단지 리스트가 주르륵 나온다. 여기서 유난히 거래가 집중된 단지를 찾아내면 되는 것이다.

필자가 취재에 많이 활용한 방법이고 뜻하지 않은 특종을 발굴한 방법이기도 하다. 이렇게 한두 단지를 골라서 인근 중개업소에 전화해보면 결과는 뻔하다. 이미 선발대가 와서 1인당 열 채씩 쓸

어가고 있는 상황일 것이다.

중요한 건 갭투자의 기본 단위가 2년이라는 점이다. 세금 때문이다. 이 책의 말미에서 구체적으로 짚어보겠지만 집을 팔 때 내는 양도소득세는 차익이 크면 클수록 세율도 높아지는 누진 구조다. 그런데 주택을 2년 미만 보유했다가 팔 땐 차익과 관계없이 굉장히 높은 세율을 부과한다. 그래서 최소 투자 단위가 2년이 되는 것이다. 1년 미만일 땐 세율이 더 무겁다. 그래서 약간의 세금 출혈을 감수하더라도 1년 이상, 되도록 2년 이상의 보유 기간을 가져가는 편이다.

최소 거래 단위가 2년이라는 건 단기 급등이 와봐야 사이버 머니가 늘어나는 것에 불과하다는 이야기와 같다. 사자마자 오른다고 해봤자 양도세 때문에 꼼짝도 할 수 없기 때문이다. 단기 급등보단 목표 가격까지 2년 동안 계단식으로 오르는 게 투자자들에게 유리하다.

그렇다고 갭투자에 단타가 존재하지 않는 것은 아니다. 법인을 활용한 단타가 존재하기도 한다.● 다만 계속된 세제 개편으로 현재는 이 같은 투자 방법이 사실상 사장된 상태다.

● 명의별 주택 수에 따라 패널티가 부과되자 등장한 투자 방식. 개인의 명의 분산을 위해 법인이 활용됐다. 법인이 소유한 집을 팔 땐 양도세가 아닌 법인세를 낸다. 법인의 수익을 개인으로 환원하는 과정이 어려운 편이며 법인세와 종합부동산세가 큰 폭의 개편을 거친 뒤엔 세금 부담이 크게 증가해 활용 편익이 떨어진 상태다.

투자 서클이 돌아가는 구조

시중엔 갭투자를 전도해주는 천사들이 많다. 왜 그들은 자신의 투자에 그치지 않고 수고스럽게 남들에게까지 그 방법론을 전파해줄까? 단발성 강의가 아니라면 대개 현금 흐름을 만들기 위한 목적이 많다.

앞서 얘기한 것처럼 투자는 기본 2년 단위로 봐야 한다. 보유한 지 2년이 지났어도 세금 때문에 팔지 않는 경우도 허다하다. 그래서 보통 '성공한 투자자요, 자산은 100억대요.'라고 소개되는 투자자들이더라도 현금이 많은 경우는 드물다. 그 자산은 여전히, 앞으로도 당분간은 부동산일 것이고 시장의 오르내림에 따라 자산의 가치도 계속 변할 수밖에 없다.

이들의 캐시카우는 누구인가? 바로 여러분들이다. 국세청이 세무 조사로 들여다보는 인물들은 대개 왕성한 투자자가 아니라 왕성한 강사들이다.

갭투자 강의는 사실상 서클화되어 친목회로 가려는 성향이 강하다. 카페나 밴드, 메신저 등을 통해서 커뮤니티를 이루고 지속적으로 교류하는 데다가 갭투자의 특성상 특정 지역을 콕 찍는 경우가 많아 공통의 지향점이 생기기 때문이다. 팀 단위 임장을 하거나 서로의 임장 보고서를 공유하는 경우도 많다. 점점 운명 공동체가 돼가는 것이다.

강사의 선행 투자가 이뤄진 곳에 집단 투자가 뒤따르는 사례도 있다. 물론 강사가 보유한 물건은 차명이거나 법인 명의기 때문에 대번에 알아볼 순 없다. 앞서 언급한 한 박자 빠른 투자와 일맥상통하는 부분이기도 하다.

이 같은 밀접함은 필연적으로 공동 투자 형태로 발전할 수밖에 없다. 한 집의 지분을 나눠 가진다든지 곗돈 받듯 번갈아 투자하기도 한다. 또 강사가 후배 강사를 키워내는 등 서로가 서로를 이끌어주는 구조를 보인다. 이를 자세히 들여다보면 은혜와 배신이 난무한다.

갭투자 강의의 특징 중 한 가지는 강사가 교주 같은 취급을 받는다는 점이다. 대부분 인생을 바꿔준 고마운 분, 신성불가침의 영역에 있다. 그런데 재미있는 점은 교주 때문에 물리더라도 그렇다. 세뇌 때문인 경우도 있고 참는 경우도 있다. 왜 참는지에 대해 취재 중 들었던 증언은 다소 소름끼쳤다. "여기서 교주의 신화를 무너뜨리면 내가 폭탄 돌리기의 마지막 주자가 되기 때문"이란다.

신축 빌라 전세를
말리는 이유는?

　신혼부부라면 신혼집을 고민하다 신축 빌라 전세를 알아보는 경우가 많다. 아파트 매매나 전세는 형편이 여의치 않고, 그렇다고 빌라를 매수하자니 환금성이 떨어진다며 주변에서 만류하기 때문이다. 하지만 신축 빌라에 전세로 사는 건 버선발로 쫓아가서라도 말리고 싶다. 우리가 앞에서 살펴본 갭투자자들의 놀이터 그 자체이기 때문이다.

　신축 빌라가 지어진 모습을 보면 신혼부부들이 혹하기 쉽다. 외관은 멀끔하고 평면 설계 등 실내 구조도 새 아파트와 별반 차이가 없으니 말이다. 전세 보증금도 생각보다 만만한 편이다. 대부분 전세 대출을 끌어오는 걸 감안하면 자비로 충당하는 비용은 얼마 되지 않는다.

뭐가 문제인지 싶겠지만 사실 신축 빌라는 세입자를 제외한 모두가 한 패다. 빌라를 지은 건설사나 시행사, 계약을 맺어준 중개업소, 집주인까지 모두가 나 빼고 한 편이다. 이들의 수상한 동맹은 분양 단계부터 시작된다. 아파트는 착공 시점에 맞춰 분양하는 선분양이 일반적이지만 빌라는 반대다. 건물을 다 지어두고 수분양자를 구하는 후분양이 보편적이다.

이때 중개업소의 역할이 빛을 발한다. 아직 누가 분양받을지조차 결정되지 않았지만 세입자부터 물어오는 것이다. 이 같은 전세 세팅 가격이 높을수록 분양이 수월하다. 예를 들어 실제 분양 가격이 2억 원짜리 빌라라면 분양가가 2억 5천만 원짜리인 것처럼 속여 전세입자를 1억 9천만 원에 맞춘다. 실제로는 차액이 1천만 원밖에 남지 않는 것이다. 건설사나 시행사는 이 상황에서 수분양자를 맞춘다. 수분양자가 분양받으며 내야 할 돈은 1천만 원뿐. 자연스럽게 갭투자가 되는 것이다. 심할 경우 무피 투자나 플피 투자가 맞춰지기도 한다.

이 정도면 사실상 세입자의 집이고 수분양자는 서류상 소유자일 뿐이다. 하지만 대부분의 세입자들은 자신이 어떤 일을 당했는지 알아차리지 못한다. 중개업소의 현란한 드리블 덕분이다. 그래서 중개업소는 빌라 한 채를 분양할 때마다 두둑한 리베이트를 받는다. 물론 그 돈도 세입자의 보증금에서 나왔겠지만 말이다. 명심하

자. 나 빼고 다 한 편이라는 것을. 부동산 시장은 정말로 눈 뜨고 코 베이는 곳이다.

취재했던 깡통전세나 전세 사기 사례 가운데는 신축 빌라를 활용한 뒤통수가 적지 않았던 편이다. 전세 대출이 활성화되면서 임차인들의 자금 조달력이 커지자 투자 수법 또한 이를 교묘하게 노리는 방식으로 진화했다. 분양가 뻥튀기를 통해 전세 대출 한도 또한 부풀려서 당겨올 수 있기 때문이다.

빌라에 투자하는 이들은 한두 채에 그치지 않고 수십, 수백 채까지 규모를 불리는 경우가 많다. 가격의 등락폭이 아파트에 비할 바가 못 되기 때문에 규모를 키우는 것이다. 한 곳에서 문제가 터지면 연쇄적으로 문제가 번질 수밖에 없다. 그렇다고 세입자들 입장에서 안전장치가 든든한 것도 아니다. 아파트와 비교하면 여전히 전세보증보험* 가입이 어렵고, 퇴거할 때 다음 세입자를 구하는 것도 쉽지 않다. 당신이 투자를 시작하겠다면 이런 약점을 노리는 악마로 진화하지는 말자.

● 주택도시보증공사와 서울보증보험 등에서 운용하는 보증 상품으로, 세입자가 집주인에게 보증금을 돌려받지 못했을 경우 일단 보증사가 돈을 돌려준 뒤 집주인과 법리적으로 다툰다. 임대사업자들에게 의무 적용되는 등 꾸준히 제도가 확대돼왔으나 빌라 등 가격이 불확실하거나 부채 비율이 높은 집에 대해선 가입이 거절되는 경우가 많다.

임대차 3법은
꼭 지켜야 할까?

집주인과 세입자는 때론 운명의 동반자 관계기도 하고 내부의 적이기도 하다. 불필요한 잡음을 막기 위해 세입자와 원만하게 지내는 걸 선호하는 투자자가 있는가 하면 반대로 잡음을 감수하고서라도 이득을 취하려는 투자자들도 있다. 하지만 어떤 경우든 법의 테두리 안에서 이뤄져야 한다. 투자를 통해 집주인이 되고 세입자를 들였다면 그때부턴 '주택임대차보호법'을 신경쓸 수밖에 없는데, 이를테면 집주인과 세입자들에게 주어진 일종의 가이드라인이다.

1. 의미

주택임대차보호법은 보통 임대차법으로 줄여서 부른다. 이 가운데 임대차 3법은 2020년 개정돼 추가된 조항인 임대차신고제, 전월세상한제, 계약갱신청구권을 일컫는다. 대부분 단어 그대로의 의미다. 임대차신고제는 전월세 거래에 대한 신고를 의무화하는 내용이고 전월세상한제는 임대료 인상 시의 상한폭을 설정하는 제도다. 계약갱신청구권은 세입자가 원할 경우 한 번에 한해 계약 연장을 강제하는 게 골자다.

임대차 3법은 도입 전부터 논란이 많았고 도입된 이후에도 지속적으로 존폐의 갈림길에 서 있다. 세입자를 보호하겠다는 선의와 무관하게 도입 자체가 급진적이었던 데다 그 과정에서 임대료 상승 등 부작용이 사회 전반을 강타했기 때문이다. 폐지에 대한 가능성이 언급되고 있지만 한번 도입된 제도가 칼로 도려내듯 없어지는 건 새로 도입하는 일보다 더욱 어렵다. 그래서 제도의 빈틈을 파고들려는 투자자들도 많다.

2. 영향

임대차 3법이라 부르지만 실제로 임대차 시장에 영향을 주는 건 전월세상한제와 계약갱신청구권까지 임대차 2법이다. 나머지 임대차신고제의 경우 전월세 시장의 투명화를 위해 거래 신고를 강제하는 제도일 뿐 집주인에게 패널티를 주는 제도는 아니기 때문이다. 여기서 말하는 거래 신고란 우리가 앞서 배운 실거래가 신고와 같은 의미다. 매매 거래의 경우 2006년부터 실거래 신고가 의무화됐지만 놀랍게도 전월세 거래는 이 같은 의무가 없다. 확정일자 신고를 통해 추산만 했을 뿐 어느 집이 보증금 얼마에 누구와 계약됐는지 그 어디에도 정확한 통계가 없었던 것이다.

선월세상한세는 5% 룰로 불린다. 한 번의 임대차 계약 기간, 그러니까 2년짜리 계약을 마친 뒤 가격 인상폭을 5%로 제한하는 게 핵심이다. 과거엔 주택 임대 사업자들에게만 적용했던 내용이다. 하지만 그 의무를 일반 임대인들에게도 지우기 시작한 것이다. 여기서 핵심은 임차인이 바뀔 땐 5% 룰이 적용되지 않는다는 것이다. 다시 말해 세입자 A와 2년 계약이 만료돼 추가로 2년을 연장한 A-A 형태의 경우 보증금 인상폭이 5%로 제한된다. 하지만 A와 계약 만료 뒤 B와 새로 계약하는 A-B의 형태라면 인상폭에 제한이 없다.

3. 논란

바보가 아니라면 당연히 세입자를 갈아치우는 게 집주인에게 유리하다. 그런데 여기서부터 계약갱신청구권과 연계된다. A는 2년 계약이 만료되더라도 집주인에게 추가 2년 계약을 요구할 수 있기 때문이다. 임대차 계약 기간이 2+2년인 셈이다. 세입자 A가 눌러 앉는다면 집주인은 전월세상한제에 따라 보증금을 5% 올려받을 수 있는 게 고작이다. 세입자만 바뀐다면 많게는 수억 원을 손에 쥘 수 있는데도 말이다. 눌러 살려는 세입자와 어떻게든 내보내려는 집주인의 전쟁이 바로 임대차 3법, 아니 임대차 2법 논란의 핵심이다.

하지만 세입자의 계약 갱신 청구를 집주인이 무조건 들어줘야 하는 것은 아니다. 법에선 표 2-6에 따르는 아홉 가지에 해당할 경우 계약 갱신 청구에 대해 거절이 가능하도록 규정하고 있다. 집주인들의 방어 논리는 대부분 여기서 나온다.

집주인들이 세입자를 내보내기 위해 많이 쓰는 방법은 3번과 8번 항목이다. 3번의 경우 '이사비를 준다'고 표현하기도 한다. 세

2-6 계약 갱신 거절이 인정되는 사유

구분	내용
1	임차인이 2기의 차임을 연체하는 경우
2	임차인이 부정한 방법으로 임차하는 경우
3	상호 합의해 임대인이 임차인에게 상당한 보상을 제공하는 경우
4	임차인이 임대인 동의 없이 주택을 전대하는 경우
5	임차인의 고의나 과실로 주택을 파손하는 경우
6	주택이 멸실돼 임대차 목적을 달성하지 못할 경우
7	재개발·재건축이나 노후·훼손 등으로 멸실되는 경우
8	임대인이나 직계존·비속이 입주하려는 경우
9	임차인이 의무를 위반하거나 계약을 계속하기 어려운 중대 사유가 있는 경우

입자의 계약 갱신 청구를 돈으로 무마시킨다는 점에서 일을 가장 깔끔하게 끝내는 방법이기도 하다. 다만 이때 지불한 합의금은 다음 임차인의 보증금에 그대로 반영되는 식으로 비용이 전가될 가능성이 높다.

그런데 이때 중요한 게 원천징수다. 합의금을 받는 세입자 입장에선 근로소득이나 사업소득이 아닌 기타소득이 되기 때문에 건네는 집주인 또한 해당 금액에 대한 원천징수 의무가 생기는 것이다. 원천징수는 22%다.

만약 합의금으로 1천만 원을 건네기로 했다면 실제로는 780만 원을 지급한 뒤 나머지 220만 원은 세무서와 구청에 신고하고 납부해야 하는 것이다. 세입자는 원천징수 영수증을 받았다가 5월 종합소득세를 신고할 때 그만큼을 공제받는 개념이다. 임대차 시장에서 보편화될 계약 갱신 거절 수단인 만큼 세금 이슈를 미리 짚어두는 것도 중요하다.

8번도 집주인들이 주로 언급하는 수단 가운데 하나다. 본인이나 본인 가족이 입주할 테니 계약이 끝나는 대로 집을 비우라는 것이다. 다만 여기서 가족은 직계존·비속만을 규정하고 있기 때문에 본인의 장인, 장모나 시부모는 해당되지 않는다.

4. 법적 제재

이 조항을 악용하는 투자자들은 본인 거주를 이유로 세입자를 내보냈다가 새로운 세입자를 받곤 한다. 그런데 법에선 이 같은 일이 벌어질 경우 세입자가 손해 배상을 청구할 수 있도록 단서를 두고 있다. 물론 손해 배상을 청구한다는 건 소송을 벌인다는 것이고, 지리한 싸움을 벌여야 한다는 의미기도 하다.

한 가지 팁이 있다면 손해 배상 청구금액이 월차임으로 산정된다는 점이다. 실제론 전세 계약이더라도 전월세 전환율을 대입해 2년 치 월세액으로 환산한다는 의미다. 만약 집주인이 세입자 A를 거짓으로 내보내고 B를 들였다면, 이때 증액한 보증금을 월세로 환산하고, 이를 다시 2년 치 월세로 계산한다. 그런데 전월세 전환율은 기준 금리와 연동하기 때문에 금리 인상기엔 손해 배상 금액이 높아지고 금리 인하기엔 낮아진다.

집주인 입장에서 가장 주의해야 하는 건 묵시적 갱신이다. 집주인과 세입자가 서로 아무런 의사 표현도 하지 않고 그대로 계약을 갱신시키는 상황을 말한다. 묵시적 갱신을 통해 계약이 연장될 경우 세입자가 계약 갱신 청구권을 사용하지 않은 것으로 본다. 그러니까 기존 계약 2년＋묵시적 갱신 2년＋향후 계약 갱신 청구 2년을

● 전세 계약을 월세 계약으로 돌릴 때 적용하는 법정 비율. 주택의 경우 기준 금리+2%로, '[(기존 보증금−새로 정한 보증금)×전월세 전환율]/12＝월세'의 식을 통해 계산한다. 강제성은 없다.

포함해 최대 6년간 계약이 묶인다는 의미다. 집주인 입장에선 묵시적 갱신을 용인해줄 이유가 없는 셈이다. 임대차 갈등을 주로 다루는 변호사들의 솔루션은 간단하다. 계약 만료가 다가오면 세입자에게 한 번은 넌지시 물어보라는 것이다. 표현을 하는 순간 묵시적이지 않기 때문이다.

반대로 세입자라면 어떻게 해야 할까? 아무 말도 하지 않고 묵시적 갱신이 되기를 기다리는 게 현명하다.

집을 가장 싸게
살 수 있는 방법은?

투자자들에게 집을 가장 싸게 살 수 있는 방법을 물어보면 십중 팔구 경매를 꼽는다. 매수할 물건과 가격을 본인이 정할 수 있기 때문이다. 다만 경쟁할 뿐.

1. 부동산 경매

부동산 경매는 드라마나 영화에 나오는 미술품 경매와는 다르다. 상대의 제시 가격을 듣고 실시간으로 새롭게 가격을 쓰는 방식이 아니라 정해진 시간까지 입찰표에 가격을 적어 내는 식이다. 당연히 가장 높은 가격을 쓴 사람이 승리자가 된다.

그렇다고 가격을 무조건 높게만 쓰는 것도 현명하진 않다. 경쟁자들과 가격차가 크다면 그만큼 가치 판단을 잘못했다는 이야기기 때문이다. 근소한 차이로 승리할수록 어려운 승리로 친다. 그래서 경매는 끈질기게 분석한 사람일수록 낙찰 확률이 높다.

경매를 하는 이유는 간단하다. 집주인이 망해서다. 빚쟁이들이 돈을 돌려받기 위해 집을 파는 과성이 바로 경매다. 이렇게 채무를 이행하지 못해 빚쟁이가 재산을 처분하는 걸 경매, 세금을 못 낼 때 나라가 재산을 처분하는 걸 공매라고 한다. 경매는 법원이, 공매는 자산관리공사가 관장한다. 그래서 부동산 경매의 정확한 용어는 법원 경매다.

2. 장점

경매로 집을 사게 될 때의 장점 중 한 가지는 등기가 깨끗해진다는 것이다. 부동산도 사람처럼 등기부등본이란 호적이 있다. 여기엔 해당 부동산을 담보로 일으킨 채무나 여기에 걸린 가처분 등 복잡한 권리 관계가 기록되는데 경매로 낙찰받음과 동시에 이것들이 모두 지워진다.

만약 어떤 아파트를 1억 5천만 원에 낙찰받았는데 그 집엔 원래

2억 원의 빚이 걸려 있었다고 해보자. 그럼 낙찰자가 나머지 5천만 원의 빚을 갚아야 할까? 그렇지 않다. 낙찰대금 1억 5천만 원을 두고 빚쟁이들끼리 해결할 문제지 낙찰자는 아무 상관없다.

3. 대항력이란?

빚쟁이들의 세계엔 순서가 있다. 낙찰대금을 두고 선순위부터 자기 채권을 회수한다는 이야기다. 등기를 봤을 때 나오는 근저당과 압류, 가등기 등 여러 가지 권리 가운데 가장 빠른 날짜가 바로 1등 빚쟁이다. 1등부터 순서대로 채권을 회수하다 보면 꼴등 빚쟁이는 돈 냄새도 못 맡을 가능성이 있다. 그래서 이런 채권자들은 후순위로 돈을 빌려주는 대신 높은 이자를 받는 편이다. 채권을 아예 회수하지 못할 가능성이 있으니 이자 장사를 한다는 얘기다.

1등 빚쟁이를 다른 말로 말소기준권리라고 부른다. 이 권리 이후로는 낙찰과 동시에 모두 초기화된다는 의미다. 그런데 세입자가 살고 있는 집이라면 어떨까? 이땐 세입자의 확정일자, 그러니까 전입 신고 날짜를 따져봐야 한다. 확정일자가 말소기준권리보다 빠르다면 세입자는 이른바 선순위 세입자가 된다. 이 상황을 두고 대항력을 갖췄다고 표현한다.

대항력을 갖춘 세입자의 보증금은 보호된다. 그러니까 세입자가 1등 빚쟁이가 돼 낙찰대금을 먼저 회수해가고, 보증금을 다 돌려받지 못한 경우엔 낙찰자에게 이를 요구할 수 있다. 세입자는 자신의 보증금을 모두 돌려받을 때까지 해당 주택을 적법하게 점유하고 사용할 수 있다. 결이 다른 이야기지만 세입자들에게 대항력이 중요한 이유다.

4. 필요한 정보들

투자 측면에서 보자면 임차인이 대항력을 갖추고 있는지, 보증금액이 얼마인지는 반드시 파악해봐야 한다. 기껏 시세보다 저렴하게 낙찰받아두고도 실제로는 비용이 더 나갈 수 있기 때문이다.

경매 물건에 대한 정보는 대법원 경매정보(courtauction.go.kr), 공매는 자산관리공사 온비드(onbid.co.kr)에서 조회할 수 있다. 하지만 대부분은 지지옥션이나 탱크옥션 등 유료 경매 정보 업체를 이용한다. 매각 물건에 대한 권리 관계와 사진, 등기, 보고서 등 다양한 분석 자료가 제공되기 때문이다.

경매는 권리 관계 분석이 핵심이다. 지난 경매 정보를 열람해 전략을 세울 수도 있고, 낙찰자가 아닌 2등의 입찰 가격이 얼마였는지도 조회할 수 있다. 앞서 강조한 것처럼 오버 베팅의 판단 기준은 2등의 입찰 가격이기 때문에 경매에선 이를 파악하는 것도 굉장히 중요한 일이다.

5. 경매 절차

다만 경매는 참여하는 절차가 까다롭다. 아직도 아날로그 방식을 고수하기 때문이다. 공매는 온비드 홈페이지에서 클릭 몇 번으로 끝나지만 경매는 직접 법원에 가야 한다. 가까운 법원이 아니라 관할 법원이라서 문제다. 제주도 물건이라면 제주도에 가야 한다는 이야기다.

입찰할 땐 최저 입찰 금액의 10%를 보증금으로 내야 하는데 이것도 현금으로 들고 가야 한다. 보통 법원 인근 은행에서 수표 한 장으로 뽑는 편이다. 보증금이 1,234만 원이라서 만원 단위가 딱 떨어지지 않아도 창구에 말하면 1,234만 원짜리 수표 한 장을 끊어주니 걱정하지는 말자.

이렇게 현금까지 준비했으면 법원 1층의 입찰 법정에 들어가 입찰표를 작성한다. 당연히 일일이 손으로 작성한다. 어떤 물건에 입찰하는지 입찰 번호는 물론 입찰 금액까지 모두 수기다. 그래서 숫자의 앞뒤를 혼동하거나 자릿수에 0을 더 쓰는 사고도 많이 난다. 0을 더 쓴 사고 사례는 백이면 백 압도적인 낙찰로 이어졌다. 하지만 단순 실수더라도 낙찰을 번복하긴 어렵다.

입찰표를 열심히 손으로 써서 봉투에 넣어 내면 다시 사람이 뜯어서 누가 제일 높게 썼는지 일일이 손으로 분류한다. 법정마다 다르지만 통상 이 과정에 30분 이상 소요된다. 낙찰자도 구두로 호명한다.

가장 높은 가격에 입찰해 낙찰받게 되면 앞서 낸 보증금이 일종의 계약금으로 쓰인다. 보통 한 달 안에 잔금까지 치러야 하는 일정이다. 낙찰받았지만 물건을 매수하지 않으려면 보증금을 포기해야 한다. 아니라면 법원에 매각 불허가를 신청해야 하는데 이 과정이 매우 어렵다.

이때 2등은 차순위 매수 신고를 할 수 있다. 1등이 안 받겠다고 할 경우 내가 사겠다고 선언하는 것이다. 3등부턴 그냥 집에 가면 된다. 입구에서 법무사나 내출상담사 명함 같은 걸 이것저것 한 움큼씩 나눠주니 잘 챙겨두자. 언젠간 요긴하게 쓰일지 모른다.

TIP

아랫바지와 윗바지

사실 경매는 부동산에서 가장 어려운 분야다. 난도를 굳이 나누자면 청약 → 일반 매매 → 재건축 → 재개발 → 경매·토지 순이다. 권리 분석도 어렵지만 낙찰가를 산정하는 일부터 낙찰 이후 기존 세입자 등을 퇴거시키는 명도 과정까지 어느 것 하나 쉬운 게 없기 때문이다.

그래서 경매는 학원이나 컨설팅 업체가 성행하는 편이다. 단순하게 경매 기초를 가르치는 것부터 어떤 물건에 얼마를 써내야 하는지 일일이 코치하기도 한다. 계속 강조하지만 부동산 시장은 눈 뜨고 코 베이는 곳이다. 학원이나 컨설팅 업체가 교묘하게 수강생을 속이기도 한다. 대표적인 수법이 아랫바지다.

아랫바지는 학원이 바지 입찰자들을 동원하는 수법이다. 수강생에게 입찰가로 특정 가격을 써내게 한 뒤 바지 입찰자들은 이보다 살짝 낮은 가격대로 써내는 것이다. 마치 치열한 경합이 벌어진 것처럼 위장하는 게 목적이다. 낙찰받을 사람의 입찰 가격이 이미 컨설팅 단계에서 노출됐기 때문에 가능한 일이다.

학원이나 컨설팅 업체가 입찰을 설계해줄 땐 낙찰에 성공해야 비용을 받을 수 있다. 그래서 높게 써낸다면 따놓은 당상이다. 하지만 이때 2등과의 격차가 너무 크다면 수강생에게 욕을 먹을 수밖에 없다.

이럴 때 활용되는 게 아랫바지다. 소설 같지만 실제로 벌어지는 일들이다. 그래서 경매 전문가들은 3위권의 입찰 가격을 반드시 확인해야 한다고 강조한다. 가격차가 터무니없이 크다면 의심해봐야 한다는 것이다.

흔치 않지만 반대의 경우인 윗바지도 있다. 이번엔 수강생보다 높은 가격에 써내는 바지 입찰자를 내세우는 수법이다. 당연히 낙찰도 바지 입찰자가 받게 된다. 하지만 결격 사유를 미리 만들어두는 게 핵심이다. 2등인 수강생에게 물건을 넘기기 위해서다. 대표적인 결격 사유는 보증금 봉투에 돈을 넣지 않는 방법이다. 법원은 이럴 경우 낙찰을 불허한다. 입찰에선 최고가를 썼지만 낙찰은 2등이 받는 구조가 되는 셈이다. 이렇게 되면 낙찰자가 된 수강생은 행운이라 생각하고 경매에 대한 만족도가 높아진다.

악마가 된 투자자들

경매 세계엔 고의 경매라는 수법도 존재한다. 원래는 채권자가 돈을 돌려받지 못했을 때 경매를 신청하는 게 정상적인 절차다. 하지만 위장 채무를 만들어 돈을 갚지 못한 것처럼 속이고 경매를 부치는 게 바로 고의 경매다. 경매로 나오는 순간 전국에서 조회가 가능하기 때문이다. 일반 매매로는 팔리지 않을 토지나 주택을 경매로 전국구 홍보하는 셈이다.

취재했던 사건들 가운데는 고의 경매를 활용해 세입자들에게 집을 떠넘긴 악질 집주인도 있었다. 갭투자를 했다가 손실을 보자 자신의 부모와 장모까지 동원해 가짜 근저당을 설정하고 보름 만에 경매로 넘긴 사건이다.

이 집주인 소유의 집은 등기로 확인한 것만 150여 채, 제보에 따르면 300채가 넘는다. 이 가운데 60여 채가 고의 경매로 나왔다.

이 사건은 단순 경매에서 그치지 않고 세입자들의 공포를 이용한 악질 중의 악질 사건이다. 집주인은 이 와중에도 "집이 경매로 넘어갈 예정이니 차라리 웃돈을 주고 내게 사라"며 세입자들을 종용해 집을 팔아넘기기도 했다.

경매로 넘어간 집들은 대부분 세입자들이 대항력을 갖추고 있었다. 앞서 짚어본 것처럼 이땐 낙찰자가 세입자의 보증금을 해결해줘야 하기 때문에 입찰받으려는 사람이 거의 없다. 그래서 대부분의 경매는 유찰됐다.

하지만 세입자들은 보증금을 돌려받아야 하고 집주인은 돌려줄 돈이 없다고 버틴다. 이럴 땐 보통 세입자에 의한 강제 경매가 다시 진행된다. 세입자가 직접 경매에 참여해 그 집을 낙찰받고 못 받은 보증금으로 낙찰대금을 상계 처리하는 방식으로 마무리되는 것이다. 결국 어떻게든 떠안고 싶지 않았던 집을 떠안게 되는 것이다.

경기도 화성 동탄 신도시에서 처음 발견했던 이 사건은 취재할수록 고구마줄기처럼 규모가 커져갔다. 천안과 수원 등 주변 도시에도 피해자가 많았다. 일부 피해자들을 규합하고 변호사를 붙여 고소했지만 검찰은 반년이 넘는 수사 끝에 결국 불기소 처분하고 말았다.

검찰의 논리는 이렇다. 갭투자 자체가 불법은 아니며, 집주인이 세입자들을 기망하려는 의도가 없었고, 세입자들 또한 직접 아파트를 낙찰받았으므로 재산상의 손해가 없었다는 것이다. 법은 멀리, 주먹은 가까이 있다는 말이 옳다는 걸 깨닫는 순간이었다. 2년여의 취재에도 처벌이라는 결과를 만들어내지 못해 아직도 마음이 무거운 사건이다. 손실을 고의로 남에게 떠넘기는 이런 투자자는 되지 말자.

적정 가격은
어떻게 계산할까?

투자 상품으로서의 부동산은 크게 두 가지로 나눌 수 있다. 하나는 차익형, 다른 하나는 수익형이다. 차익형은 싸게 사서 비싸게 파는 게 목적인 부동산이다. 아파트 같은 주택이 보통 여기 해당한다. 수익형은 따박따박 현금 흐름이 창출되는 부동산이다. 오피스텔이나 상가 같은 부동산을 말한다. 매각할 때 차익이 생기긴 하지만 부수적일 뿐 매달 월세 수익을 만드는 게 수익형 부동산의 주목적이다.

차익형 부동산은 적정 가격을 산출하기 어렵다. 주택의 경우 누군가는 1층을 선호하고 누군가는 최상층을 선호하는 것처럼 가치를 판단하는 기준이 저마다 다르기 때문이다. 학군이 좋은 지역이더라도 딩크족이나 노령 가구에겐 소용없는 것처럼 말이다. 주식처럼 밸류에이션®을 위한 공식이 따로 존재하는 것도 아니다. 그런데 수익형 부동산은 나름의 공식이 존재한다. 이를 역산하면 적정 가격이 나오는 구조다.

2-7 계산식 1

투자금 연수익	2억 원 800만 원 (월 66만 원)	2억 원 600만 원 (월 50만 원)
연수익률	4%	3%

오피스텔이나 상가 투자자들에겐 목표 수익률이란 게 있다. 지역별로 나름 정해진 수익률 구간이 있기 때문에 통상 이를 참고해 목표 수익률을 정한다. 예를 들어 2억 원짜리 오피스텔을 사면서 연 4%의 수익률을 상정하고 투자했다면 연간 800만 원의 수입이 들어와야 하는 식이다. 월세가 66만 원선은 받쳐줘야 한다는 이야기다.

그런데 주변에 경쟁 오피스텔이 우후죽순 생기더니 월세가 50만원 수준으로 떨어졌다고 해보자. 수익률은 연 3%로 떨어졌다. 이상황에서 오피스텔을 매각한다면 적정 가격은 얼마일까?

● 애널리스트가 특정 종목의 적정 주가를 산정하기 위해 진행하는 기업 가치 평가.

투자금	2억 원	2억 원	1억 5천만 원
연수익	800만 원	600만 원	600만 원
	(월 66만 원)	(월 50만 원)	(월 50만 원)
연수익률	4%	3%	4%

2억 원을 주고 산 오피스텔인 만큼 최소한 이보다는 더 받고 팔 아야겠지만 그런 셈산은 나오지 않는다. 이 오피스텔을 넘겨받을 사람 또한 최저 연 4% 수익률을 상정하고 투자할 것이기 때문이다. 월 50만 원, 연간 600만 원의 수입으로 연 4% 수익률이 나오려면 매입 원금은 1억 5천만 원이 돼야 한다. 결국 최초 매수인은 자신이 샀던 오피스텔 가격보다 5천만 원은 손해를 봐야 매각이 가능한 셈 이다.

수익형 부동산 투자자들 가운데는 월세 수익이 다소 떨어지고 있더라도 향후 매각 차익으로 이를 만회할 수 있다고 여기는 이들 이 있다. 하지만 수익형 부동산은 현금 흐름이 훼손되는 순간 매매 가격도 이에 연동해 떨어지는 구조다. 월세를 낮춘다는 건 그만큼 의 매매 차손을 남기겠다는 이야기와 같다. 그래서 능숙한 투자자 들은 월세를 내리기보단 렌트 프리**를 활용하기도 한다. 명목상

●● 계약 기간 중 일정 기간 동안은 차임을 받지 않고 집을 빌려주는 방식. 월세를 낮춰 받는 것과 똑같지만 계약서상 월세 가격을 낮춘 것은 아니기 때문에 되팔 때 수익률이 높아 보이는 효과 가 있다.

수익률이 떨어지지 않아야 향후 매각에 유리하기 때문이다.

집값이 오르는 게 익숙한 초보 투자자들은 수익형 부동산도 아파트처럼 일단 사두면 오르는 것으로 오해하곤 한다. 하지만 위에서 살펴본 것처럼 수익형 부동산은 반드시 수익률과 연동해 가격이 결정되는 특성이 있다. 그런데 주변 공급량 등 수익률을 결정하는 요인들과 관련한 통계는 아파트에 비해 빈약한 편이다.

또한 금리 인상기엔 요구 수익률도 덩달아 오르기 때문에 주의가 필요하다. 본문에서 예로 든 연 4% 수익률은 제로 금리 시대에 서울 강남 일대의 평균적인 목표 수익률이었다. 하지만 이 책을 쓰고 있는 2022년 4분기엔 시중 은행의 예금 금리가 이 정도 수준까지 왔다.

세입자 관리까지 해야 하는 수익형 부동산의 수익률이 예금에도 못 미친다면 투자할 이유가 없지 않겠는가. 당연히 연 4%보다 높은 수익률을 바라봐야 한다. 그런데 수익률을 높이려면 월세를 올려받거나, 월세를 고정시킨 상황에서 매매 가격을 낮춰야 한다. 그래서 수익형 부동산은 금리 변동에 취약하다.

하락장엔
어떤 일이 벌어질까?

시중의 많은 부동산 성공담을 면밀히 들여다보면 상승장의 파도를 잘 탔다는 이야기들이다. 어떤 무용담들은 '그 시절이니 가능했지'라는 평가를 받기도 한다. 물론 다음 파도에도 그대로 적용될 공식이다. 이 책의 서두 또한 부동산 호경기를 전제로 쓰였다.

부동산 전문가 그룹에서도 지리한 하락장을 겪어본 이들은 많지 않다. 왜냐하면 이전 세대의 전문가나 투자자들은 하락장을 지나면서 대부분 멸종했기 때문이다. 상승장의 행동 지침은 언제나 서점에 쏟아져 나올 테지만 하락장의 행동 지침은 실전된 셈이다. 하지만 신문엔 사초(史草)가 남아 있다.

카드 빚 못 갚아 경매로 넘어간 집 늘었다

집값 하락으로 대출이자 못 내
올 상반기에만 328건 달해

신용카드 사용대금을 갚지 못해
살고 있던 집이 경매에 넘어가는
수도권 거주자들이 늘고 있다.

2일 경매정보 제공업체인 지지
옥션에 따르면 카드대금 연체를
이유로 카드사가 수도권에서 경
매신청한 부동산 물건 수가 2009
년 486건, 2010년 522건, 2011년
533건 등으로 증가 추세다. 올 상
반기에도 카드사가 경매에 부친
부동산 물건이 328건에 달했다.

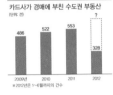

카드사가 경매에 부친 수도권 부동산
(단위: 건)

486 522 553 ?

328

2009년 2010 2011 2012
※2012년은 1~6월까지의 건수

지지옥션 관계자는 "이런 추
세라면 올 한 해 '카드 빚 경매부
동산'은 작년 수준을 훌쩍 넘어설
것"으로 전망했다. 정충진 경매전
문 변호사(법무법인 열린)는 "부동
산 시장 활황기에 대출을 끼고 주
택 구매에 나섰던 사람들이 집값

하락이 지속되면서 대출이자로
인한 카드 빚이 쌓이며 경매에 내
몰리고 있다"고 설명했다.

경매 전문가들은 카드사들이
연체 대금을 회수할 가능성이 높
지 않다고 지적한다. 카드 연체대
금이 수백만원에서 수천만원 정
도에 불과한 경우가 대부분이지
만 배당 순위에서 앞서는 금융회
사 대출이 많아서다.

경기 분당신도시 야탑동 전용
면적 164㎡ 대우아파트 소유주
는 미국발 금융위기가 오기 전인
2008년 5월 한 저축은행에서 10
억7500만원을 대출받았다. (…)

2-9 한국경제신문 2012년 7월 13일자

2010년대 초반 집값 하락기에 사회적 문제로 대두된 게 하우스
푸어•다. 이들이 결국 빚을 갚지 못하고 도산하면 그 집이 경매로
나온다. 그래서 경매 물건은 경기가 안 좋을수록 늘어나는 특징이
있다. 그런데 일반적인 상황에선 은행이 경매를 신청한다. 집주인
들이 감당 불가능한 채무는 대부분 은행을 통한 주택담보대출이기
때문이다. 하지만 집주인이 원리금을 상환하느라 현금 흐름이 막히
다 보면 자연스럽게 카드 빚이 늘게 되고, 수백만 원의 카드 빚 때
문에 수억 원짜리 아파트가 경매에 넘어가기도 한다.

기사 2-10은 화장실 들어갈 때와 나올 때의 마음이 얼마나 다른

• 집이 있지만 대출을 무리하게 받은 탓에 이자를 부담하느라 빈곤하게 사는 사람들을 말한다.

아파트 집단대출 '연체 대란'

수도권 아파트 입주예정자 계약해제 요구하며 소송전 중도금 연체율은 10% 육박

벽산건설이 공사를 맡긴 경기도 고양시 식사지구에 중도금 대출을 해준 신한은행이 골머리를 앓고 있다. 입주 예정자들에게 총 1200억원가량의 중도금 대출을

내줬는데 이들이 건설사를 상대로 계약 해제를 요구하며 중도금을 갚지 않아서다. 이 때문에 신한은행의 집단대출 연체율은 지난달 1.16%로 치솟았다. 작년 말 0.44%에 비해 3배가량 급등한 것이다. 신한은행 관계자는 "부동산 시장 침체가 길어지면서 올 들어 수도권을 중심으로 비슷한 분쟁

주요 시중은행 집단대출 연체율
(단위: %, 5월 말 기준)

하나 0.74 / 신한 1.16 / 농협 1.51 / 기업 1.54 / 우리 1.80 / 국민 2.46
자료: 각 은행

이 빈발하고 있다"고 말했다.
아파트 중도금 대출이 시중 (…)

2-10 한국경제신문 2012년 6월 19일자

지를 보여주는 사례다. 아파트를 짓는 동안 분양가 아래로 가격이 떨어지자 수분양자들이 중도금 대출을 연체하면서까지 계약 해지를 요구한 경우도 있다. "집값 하락의 책임을 건설사와 은행도 짊어져야 한다"는 기적의 논리마저 등장했던 시기다.

집값 하락의 골이 깊어진다면 대출과 관련된 이야기는 언제든 재현될 수 있다. 집값이 떨어져 담보 가치가 하락하면 은행들이 대

만기 주택대출 '상환 경보'

집값 떨어져 담보가치 하락 은행들 "일부 갚아야 연장" 대출자 "빚 내서 빚 갚을 판"

2008년 경기도 분당에 있는 152㎡(46평) 아파트를 사면서 농협은행에서 6억원을 대출받은 김모씨(60)는 요즘 속이 타들어간다. 만기(24일)가 사흘 앞으로 다가오자

은행 측에서 원금 일부인 5000만원을 갚으라고 독촉해서다. 12억원에 산 아파트 값은 최근 8억원까지 떨어졌다. 이에 따라 50%였던 담보인정비율(LTV)이 75%로 높아졌다. 김씨는 21일 "은행이 아파트 가격의 60%까지만 만기를 연장해줄 수 있다며 원금 일부를 갚으라고 통보해 답답하다"고

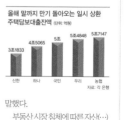

올해 말까지 만기 돌아오는 일시 상환
주택담보대출잔액 (단위: 억원)

신한 3조1833 / 하나 4조5065 / 국민 5조 / 우리 5조4848 / 농협 5조7147
자료: 각 은행

말했다.
부동산 시장 침체에 따른 자산 (…)

2-11 한국경제신문 2012년 6월 22일자

분양가 상한제 폐지

국토부, 입법예고…재건축 부담금 2년간 면제

국토해양부는 '5·10 주택거래 정상화 대책'에 대한 후속 조치로 분양가 상한제 폐지, 재건축 부담금 부과 중지, 재건축사업 용적률인센티브제 확대 적용 등을 담고 있는 관련 법률 개정안을 마련, 20일부터 40일간 입법예고한다고 18일 밝혔다.

국토부는 이들 개정안을 국무회의 등을 거쳐 오는 8월 국회에 제출, 9월 정기국회를 통해 입법화한다는 방침이다. 18대 국회에서 자동 폐기됐던 이들 법안이 19대 국회를 통과할지 주목된다.

주택 공급 위축과 품질 저하를 초래한다는 지적을 받아온 분양가 상한제는 민간 택지는 물론 공공 택지에서도 없앤다. 다만 주택 가격·거래·청약 경쟁률 등 시장 상황을 고려해 대통령령에서 정하는 기준과 절차에 따라 국토부 장관이 지정하는 공동주택에 한해 예외적으로 적용토록 했다. 박상우 국토부 주택 토지실장은 "시장 과열기에 도입한 분양가 상한제는 시장 상황에 따라 탄력적으로 운용하는 정책수단"이라고 설명했다.

주택시장 활황기에 재건축 단지에서 발생하는 과도한 이익 환수를 위해 도입한 재건축 부담금도 2년간 부과하지 않기로 했다. 또 뉴타운지구 내 재건축사업(…)

2-12 한국경제신문 2012년 6월 19일자

출금 일부 상환을 요구하는 공포스러운 상황도 마찬가지다. 예를 들어 1억 원짜리 아파트를 담보로 LTV 50%에 맞춰 5천만 원을 빌렸는데, 집값이 6천만 원으로 폭삭 주저앉는다면 LTV는 순식간에 80%를 넘어선다. 이 같은 상황에서 담보가 부실해질 우려가 있기 때문에 은행이 대출을 연장해주지 않고 일부 상환할 것을 요구할 수 있다는 의미다. 한 가지 다행인 것은 우리가 이 책의 첫 장에서 짚어본 것처럼 정부가 굉장히 강하게 대출 한도 관리를 해왔다는 점이다. 대부분의 차주들은 이번에도 신문 기사로만 접할 가능성이 높다.

집값이 떨어지면서 부동산 시장이 가라앉으면 규제도 하나둘 풀린다. 기사 2-12에서 예로 든 분양가 상한제뿐 아니라 청약과 세제 등 전방위에 걸쳐 규제가 없어진다. 그래도 상황이 호전되지 않으

뉴타운 '통째로 해제'되는 곳 나온다

**서울시, 조례 개정… 사업 포기 구역 많을 경우
계속 추진 원하는 구역은 재개발·재건축 전환**

만약 10개 구역으로 구성된 뉴타운에서 7~8개 구
역의 주민들이 사업을 반대해서 사실상 뉴타운 구
역지정 의미가 상실된 경우 어떻게 해야 할까. 이 같
은 상황을 대비해 서울시가 최근 해법을 내놓았다.
결론은 뉴타운을 통째로 해제하는 것이다. 서울시
가 뉴타운 구역별 주민들을 대상으로 사업추진 찬
반을 묻는 실태조사를 추진 중인 가운데, 이 같은 기
준을 마련함에 따라 선문조사 결괴에 띠리 뉴타운
지구 전체가 해제되는 곳이 등장할지 관심이 쏠리

고 있다.

박원순 서울시장이 지난 1월30일 발표했던 '뉴타
운·정비사업 신정책구상'은 재개발사업이 주민들
의 반대로 지지부진할 경우 '뉴타운 내 재개발구역
을 해제'하는 것이 핵심이다. 뉴타운의 골격은 그대
로 둔 채 개별 재개발구역의 사업추진 여부를 가리
는 '부분해제' 방식이다.

뉴타운 지구를 통째로 해제할 수 있는 규정은 지
난 2월 국회에서 개정된 '도시재정비 촉진을 위한
특별법'에 마련돼 있지만, 구체적인 실행 방법은 일
신 지자체에 일임돼 있었다. 서울시는 이를 근거로
지난 1일 조례·규칙심의회를 통해 일반 재개발(…)

2-13 한국경제신문 2012년 0월 27일자

면 아예 부양책이 나온다. 유명한 '빚 내서 집 사라'는 정책도 부양
책의 일환이다. 특히 양도소득세 면제 등의 조건이 주어질 땐 뒤도
돌아보지 않고 사야 한다는 게 다양한 전문가들의 공통된 의견이다.
바닥 중의 바닥이란 신호인 데다 이 같은 조건으로 매수한 부동산
은 상승장이 돌아올 때 황금알을 낳는 거위로 변신하기 때문이다.

다음 장에서 재개발과 재건축을 짚어보겠지만 기사 2-13 같은
정비 사업은 도심에 주택을 공급할 수 있는 논과 밭의 개념으로 바
라봐야 한다. 사업이 단기간에 끝나는 게 아니기 때문이다. 오랫동
안 열심히 농사를 해야 주택 공급이란 수확을 할 수 있다. 하지만
집값이 하락하기 시작하면 사업의 동인이 떨어진다. 주민들 간 이
견이 갈리고 결국 좌초하는 사업장이 나오기 마련이다. 이렇게 망
가진 논과 밭을 복원하는 데는 곱절의 시간이 소요된다.

답십리 재개발 35% "아파트 대신 돈 달라"

수익·시세 상승 기대 어려워
수도권도 사업 중단 속출 우려
LH "현금 청산 비율 제한 검토"

재개발을 위한 이주를 앞두고 있는 서울 답십리18 재개발 구역 조합은 최근 비상 상황이다. 전체 조합원 454명의 약 35%인 159명이 아파트 대신 돈을 달라고 나선 까닭이다. 현금 청산자들의 부동산을 재

개발 구역에 편입하는 대가로 내줘야 할 돈 수백억 원을 구하기가 쉽지 않은 데다 이들이 포기한 아파트가 일반분양으로 순조롭게 팔린다는 보장도 없어 조합과 시공사의 고민이 깊어지고 있다.

29일 부동산 업계에 따르면 부동산 시장 침체의 골이 깊어지면서 아파트 대신 현금 청산을 선택하는 재개발·재건축 조합원들이 급증하고 있다.

GS건설 관계자는 "올 들어 조합원 분양 신청을 받은 서울 시내 재개발 구역에서 현금 청산을 (…)

2-14 한국경제신문 2012년 7월 30일자

새 아파트를 얻기 위해 재개발, 재건축을 추진했지만 정작 사업 과정에서 새 아파트를 포기하기도 한다. 새집을 지어봤자 가격이 더 떨어질 게 뻔하니 중도에 현금을 받고 사업에서 이탈하는 것이다. 재개발이나 재건축 조합원이라면 분양 신청을 통해 새 아파트를 받을 수 있는데 이 권리를 포기하면서 대거 현금 청산을 신청한 게 바로 기사 2-14의 사례다.

불황은 동지를 적으로 만들기도 한다. 한 배를 탔던 재개발, 재건축 조합과 건설사가 갈라서는 시점도 이때다. 건설사는 재개발, 재

고덕주공 재건축 단지, 시공사·조합원 갈등
"초기 계약 조건 이행 불가" vs "이제 와서 무슨 소리"

**3년 전 건설사들 재건축 시공권 따기 위해
'무상지분' 파격 제안…불경기로 '진퇴양난'**

서울 강남권의 대규모 재건축 사업장으로 꼽히는 상일동 고덕주공아파트 내 일부 단지가 시공사와 조합 간 갈등으로 장기 표류할 조짐이다. 일부 건설사가 부동산 경기 침체를 이유로 공사를 수주할 때 제시했던 계약 조건의 이행을 미루고 있어서다. 무리한 계약 조건을 내세워 공사를 따냈던 다른 단지들도 비슷한 갈등에 휩싸일 것이란 관측이 나오고 있다.

1일 주택업계에 따르면 건설사들이 재건축 조합

에 과도하게 무상지분율을 확정제안한 사업장에서 갈등이 본격화되고 있다.

확정지분제가 무리하게 등장했던 곳은 서울 (⋯)

2-15 한국경제신문 2012년 /월 2일자

건축 사업의 시공사로 선정되기 위해 온갖 감언이설로 조합원들을 유혹한다. 하지만 일단 시공사로 선정되면 사업이 진행되는 동안 말이 바뀌는데, 부동산 시장이 침체된다면 더욱 그렇다. 처음 내세웠던 조건을 들어주면 들어줄수록 건설사엔 손해기 때문이다. 아마 기혼자들이라면 마음속으로 고개를 끄덕이겠지만 결혼과 비슷하다. 왕왕 파경을 맞는다는 점에서도 그렇다.

한국 부동산 시장은
야생 그 자체

부동산 시장은 다른 자산 시장과 비교해 폐쇄적인 편이다. 정보가 비대칭적이고 거래가 시장에 즉각적으로 반영되지도 않는다. 현장에 가서 실물을 보고도 제대로 알 수 없는 것들이 많다. 많이 나아졌다고 하지만 여전히 후진적인 자본 시장의 모습을 띠고 있는 게 부동산 시장의 속살이다.

정부의 시장 통제도 활발하다. 그러다 보니 제도가 복잡해져 거래 한두 번을 하는 것도 공부가 필요하다. 가격 결정의 메커니즘은 단순하지만 변수가 너무 많기 때문이다.

투자로서의 부동산은 이 같은 폐쇄성을 이용하면서도 정책의 빈틈을 파고들며 발달했다. 첫째, 최우선 지표는 입주물량이다. 입주가 늘어나는 곳은 전세 가격이 떨어질 수밖에 없다. 전세 가격이 떨어진다는 건 투자자들에게 레버리지 효과가 줄어든다는 의미와 같다. 그래서 투자자들은 입주물량이 줄어드는 곳을 찾는다.

둘째는 규제 여부다. 정부의 통제가 강한 시장일수록 거래가 까다롭다. 투자자들이 붐비는 시장은 메뚜기 떼가 지나가는 것처럼 한철 몰리는 장사기 때문에 규제를 받기 시작하면 출구 전략을 마련하기 어렵다. 이 같은 상황에서 등장하는 속임수도 많다. 집주인이 세입자를 속이는 게 가장 흔하다. 대부분의 집주인은 세입자보다 돈이 적다. 중개업자까지 한통속으로 속이려 드는 곳이 바로 부동산 시장이다. 아수라장이 따로 없다.

중요한 건 시장의 온도다. 많은 투자자들을 자산가로 만들어줬던 무적의 논리나 필승 투자법 따위들은 상승장에만 통하는 공식인 경우가 대부분이다. 레버리지가 비수로 돌아오는가 하면 교통이나 학군 같은 입지의 가치라는 것들이 신기루처럼 사라지기도 한다. 시장이 식으면 신화는 무너진다.

가장 좋은 교보재는 내가 모르는 과거에 벌어진 일들이다. 분명히 반복되기 때문이다. 그리고 선배들의 실패로부터 배워야 한다. 아무도 실패를 알려주진 않으려 하기 때문이다.

PART 3

재개발
재건축
리모델링

재개발과 재건축은
도대체 뭐가 다를까?

　자동차는 새 차를 사서 첫 시동을 거는 순간부터 감가(減價)가 시작된다. 하지만 부동산은 반대다. 낡아갈수록 가격이 오르는 집도 있다. 부수고 새집으로 다시 지을 수 있기 때문이다. 강남의 다 무너져가는 아파트 가격이 수십억 원을 호가하는 건 그 자리에 들어설 새집을 우리 마음속에 이미 짓고 있어서다.

　그런데 우리 집만 새집으로 바꾸는 건 큰 의미가 없다. 기왕 공사를 하는 김에 동네 전체를 천지개벽시켜야 더 높은 가치가 매겨질 수 있다. 그래서 가가호호 모여 십시일반으로 새집을 짓는 게 바로 재개발과 재건축이다.

새집으로 바뀌는 만큼 사업 전후의 가격 차이는 극명하다. 그래서 재개발과 재건축은 부동산 투자자들에게 황금알을 낳는 거위로 불린다. 그러나 동시에 독이 든 성배이기도 하다. 그만큼 어렵다.

똑같이 새 아파트를 짓는 일이지만 재개발과 재건축으로 이름을 구분해 부르는 데는 다 그만한 이유가 있다. 사업의 대상과 절차, 세부적인 규정이 다르기 때문이다. 보통 재개발과 재건축을 묶어 정비 사업으로 부른다. 간단하게 구분하려면 원래의 집이 어떤 형태인지를 보면 된다. 단독 주택과 빌라가 산재한 마을을 구역으로 나눠 새 아파트로 짓는다면 재개발, 낡은 아파트를 새 아파트로 바꾼다면 재건축이다.

간단하게 구분했으니 정확한 구분도 해봐야 한다. 사실 재개발과 재건축의 차이는 기반 시설의 유무다. 도로나 상하수도, 공원, 주차장, 녹지, 대피 시설 같은 것들이 있는 곳과 없는 곳의 차이다. 집 주변에 당연히 있을 것으로 생각되는 것들이지만 없는 곳이 훨씬 많다.

이런 집들을 구역으로 묶어 한꺼번에 새집으로 바꾸고, 그 김에 기반 시설까지 확충하는 게 재개발 사업의 개념이다. 여기서 또 재개발 구역 여럿을 하나로 묶어 광역적으로 재개발을 한다면 재정비 촉진 사업, 그러니까 과거의 뉴타운 사업이다.

단독 주택이나 빌라만 재개발 대상이 되는 건 아니다. 아파트라도 큰 단지를 이루지 못한 소규모 또는 나홀로 아파트라면 재개발 구역에 묶이기도 한다. 주변에 기반 시설이 없기 때문이다. 그런데 대부분의 아파트 단지들은 인근에 기반 시설을 잘 갖추고 있는 편이다.

지금 당장 핸드폰 지도를 열어서 아무 곳이나 지도로 들여다본다면 아파트 주변과 일반 주택가의 차이를 확인할 수 있을 것이다. 이렇게 기반 시설이 이미 존재하는 상태에서 낡은 집만 새집으로 바꾸는 게 재건축 사업의 개념이다. 그래서 대부분의 재건축 사업은 아파트가 대상이다.

단독 주택이라도 재개발이 아닌 재건축 사업을 진행하는 경우가 있다. 일반 주택가의 단독 주택의 경우, 기반 시설이 없어 재개발이 필요하지만 이미 인프라가 잘 깔린 동네라면 집만 새로 지으면 되기 때문이다. 서울 방배동 일대가 대표적인 단독 주택 재건축촌이다. 다만 단독 주택 재건축 사업은 유형 자체가 폐지돼 더 이상 새로운 사업이 이뤄지진 않는다. 폐지 이전 구역으로 지정된 곳에 한해서만 사업이 진행된다.

1. 재개발

① 개념

3-1 재개발 사업 과정

그림 3-1처럼 재개발은 사업 과정이 긴 데다 절차도 여간 복잡한 게 아니다. 재건축도 절차는 대동소이하다. 이렇게 정비 사업이 시작될 때부터 새 아파트로 준공될 때까지 평균적으로 15년 안팎이 소요된다. 20년 이상 지연되는 곳도 허다하다. 적게는 수백, 많게는 수천 명의 의견이 일치를 봐야 진행할 수 있는 사업이기 때문이다. 잘못 걸렸다가 아예 인생을 재개발해버리는 일도 비일비재하다.

물론 주민들끼리 합심해 으쌰으쌰 하는 것만으로 될 일은 아니다. 인·허가 도장은 공무원들이 쥐고 있다. 사업 단계마다 깐깐한 심의를 거쳐야 한다. 덕분에 어떤 곳들은 먼 길을 돌아가기도 한다. 재개발이 지연되는 주요 이유 중 하나가 인·허가 절차다.

특별시와 광역시, 특별자치시, 특별자치도, 시는 5년마다 정비 기본 계획을 수립한다.* 이 기본 계획은 도시를 어떻게 재생시킬 것인지에 대한 청사진이다. 정비 사업의 방향성이나 기반 시설 계획, 교통 계획 등 큰 틀에서의 얼개를 짜는 단계다. 나중에 정비 구역을 지정하고 후속 절차를 진행할 때 이 기본 계획이 일종의 콘셉트 아트 역할을 한다.

② 과정

과거 전국적으로 뉴타운 열풍이 불던 시절만 해도 관 주도로 정비 구역을 지정했다. 지자체가 정비 구역을 지정하면 좋든 싫든 주

● 구, 도 단위의 지자체는 정비 기본 계획을 수립하지 않는다.

민들은 이를 받아들여야 하는 하향식이었다는 의미다. 하지만 현재는 주민들이 구역 지정을 요청하면 관에서 이를 검토하는 상향식으로 바뀌었다. 어렵게 꼬아서 쓰자면 주민 입안 제안 방식이다.

주민들이 요청했다고 해서 지자체가 바로 정비 구역으로 지정해주는 건 아니다. 아예 지정하지 않는 경우도 있고, 적어도 1~2년의 검토 기간을 갖는다. 구역 지정이라는 건 해당 지역을 정식 재개발 구역으로 분류하고 관리하겠다는 의미기 때문이다. 통상 구역 지정 이진의 단계에 대해선 '사업을 추진한다'고 표현하고, 구역 지정이 완료된 곳에 대해선 '사업을 진행하고 있다'고 표현한다. 위상이 하늘과 땅 차이인 셈이다.

구역 지정까지만 해도 기나긴 과정이었지만 재개발 사업은 이제야 망망대해로 출항했을 뿐이다. 거친 파도가 우리를 기다린다. 신대륙에 닿을 수도 있고 어쩌면 난파선과 함께 해저로 가라앉을 수도 있다. 동고동락할 선장과 선원이 누구인지에 달린 일이다.

구역 지정을 통해 사업이 궤도에 오른 다음부턴 동의서 확보 전쟁이다. 주민들의 동의를 얻어 추진 위원회를 발족시키고, 더 많은 주민들의 동의를 얻어 조합까지 설립해야 사업을 정상적으로 진행시킬 수 있기 때문이다. 동의서 한두 장이 모자라 추진위나 조합을 설립하지 못하는 경우도 있다. 그래서 이웃 주민들을 대상으로 한 대대적 홍보도 시작된다. 주변에 성공적으로 재개발을 마친 아파트 단지가 있다면 좋은 교보재로 활용되기도 한다.

일반적으론 재개발 냄새를 맡은 투자자들이 많이 인입된 곳일수록 동의가 빠르고 동의율도 높다. 원주민들의 경우엔 거주지를 옮기려 하지 않는 경우도 많기 때문이다. 고령자가 많은 곳은 세월과도 싸워야 한다. '내 나이에 새 아파트를 받아서 입주하면 뭐 하겠느냐'는 확실한 반대표가 존재해서다.

③ 조합

조합은 재개발 사업을 이끌어가는 주체다. 이를테면 '주식회사 우리 동네'인 것이다. 회사가 설립되는 시점부터 주민들의 신분도 주주로 바뀐다. 토지등소유자에서 조합원이 된다. 여기서 토지등소유자라는 용어는 해당 구역에 땅이든 건물이든 갖고 있는 사람을 말한다. 재개발은 땅만 있어도, 혹은 건물만 있어도 나중에 새 아파트로 돌려준다. 보통의 건물은 그 건물의 부속 토지까지 세트로 한 사람이 소유하고 있지만 이를 구분해 소유하고 있더라도 각자에게 새집을 준다는 의미다.

중요한 건 재개발이 강제 조합원 제도라는 점이다. '내 나이에 새 아파트를 받아서 입주하면 뭐 하겠느냐'며 반대하던 할아버지도 일단 조합이 설립되면 강제로 조합원이 된다. 조합이 설립된 이후부턴 중대한 결정 사항을 총회 투표로 결정하는데, 이때 반대파 할아버지 또한 의사를 피력할 수 있다. 마음을 바꿔 새 아파트를 받기 위해 열정적으로 활동할 수도 있고, 마지막까지 고춧가루를 뿌리는 역할을 할 수도 있다. 조합원이 됐지만 끝끝내 재개발에서 이탈하고 싶다면 집을 팔고 떠나거나 사업의 막바지에 현금 청산을 선택해야 한다.

조합 단계부턴 집행부 자리를 노린 이전투구가 시작된다. 특히 조합장 자리는 다양한 이권에 개입할 수 있기 때문이다. 앞으로 한 배를 타게 될 정비업체나 납품업체 등을 선정하는 데 있어서 입김이 무시무시하다. 아무리 총회를 거친다지만 대부분 조합원은 안건조차 제대로 들여다보지 않고 무작정 동의만 하는 경우가 많으니 이를 노리는 것이다.

물론 그만큼 잡혀기는 조합장도 많다. 그래도 매력적인지 여의도를 방불케 하는 정치 싸움이 조합마다 벌어진다. 여차하면 비상대책위원회가 꾸려져 기존 집행부와 표 대결을 펼친다. 그렇게 새로 수립된 혁명 정부가 또 다른 혁명 정부에 의해 전복되기 일쑤다. 저마다의 명분이 있을 뿐 사실 그 사람이 그 사람이다. 20년 가까이 정비 업계를 누빈 한 전문 변호사의 표현을 빌리자면 이 복마전의 원인은 이렇다. 전 재산을 걸고 벌이는 한판 승부기 때문이다.

조합이 재개발 사업을 진행하면서 처음으로 해야 하는 중대한 의사 결정은 시공사 선정이다. 누가 우리 집을 지어줄 것인지를 결정하는 일이다. 시공사 선정에 입찰한 여러 건설사를 후보에 올려놓고 조합원들이 투표로 정한다. 어떤 건설사가 더 좋은 조건을 제시했고 더 멋진 설계를 제시했는지 즐겁게 비교해보고 선택하는 일이다. 입찰하는 곳이 없어 시공사 선정이 여러 번 유찰될 경우 조합이 특정 건설사를 지목해 수의 계약을 맺을 수 있다.

④ 시공사

시공사 선정은 건설사들에게도 생존의 문제다. 대형 건설사라도 상당 수준의 매출이 주택 사업에서 나기 때문이다. 비중이 매출의 60~70%를 넘기는 곳들도 있다. 이들에게 재개발 구역은 올가을 반드시 수확해야 하는 논밭인 셈이다. 그래서 매우 많은 공을 들인다. 사업이 본격화하기 전부터 궂은 일을 도와주며 미래의 조합원들과 유대감을 형성하기도 하고, 시공사 선정이 다가오면 서로 아들과 형제를 자처하면서 선물을 살포하거나 돈을 살포하기도 한다. 물론 걸리면 잡혀간다. 그만큼 전력을 다해 수주전을 벌인다는 의미다.

시공사를 선정한 뒤엔 사업 시행 계획을 세우고 지자체의 인가를 받아야 한다. 부동산에서 시행이란 단어는 개발과 같은 의미다. 시행자인 조합이 곧 디벨로퍼가 된다. 사업 시행 계획에서 앞으로 이곳에 몇 가구짜리 아파트를 몇 층으로, 어떤 모양으로 짓고 주변 경관은 어떻게 하고 도로는 어떻게 낼지를 정한다. 설계와 관련한 거의 모든 계획이 이 단계에서 결정된다. 사업이 오래 지연되는 단계기도 하다. 조합이 짓고 싶은 아파트와 인·허가 관청이 허용 가능한 아파트의 수준이 다르기 때문이다.

서울시의 경우 사업 절차의 앞뒤를 바꿔 사업 시행 계획 인가 이후 시공사를 선정하도록 강제하고 있다. 시공사 선정 단계가 이르면 이를수록 조합 집행부와 결탁한 비위가 늘어나고 정비 사업이 혼탁해진다고 보기 때문이다. 그래서 서울시의 정비 사업은 일단 조합의 설계안대로 사업 시행 계획을 인가받았다가 시공사를 선정한 뒤 건설사의 대안 설계를 반영해 사업 시행 계획을 변경 인가받는 형태가 대부분이다.

⑤ 분양

어떤 아파트를 지을지 결정했다면 조합원 분양을 시작한다. 새로 짓게 될 아파트 중 각자가 원하는 주택형을 고르는 단계다. 같은 집을 두고 경쟁이 발생할 경우 원래의 집이나 땅의 가격을 매겨 더 비싼 사람이 우선한다. 이때 원래 집이나 땅의 가격이 바로 권리가액이다. 사업 시행 계획 인가를 받으면 조합원 전체의 자산에 대한 감정 평가를 진행하는데 이때 각자의 권리가액이 결정된다.

그리고 '내 나이에 새 아파트를 받아서 입주하면 뭐 하겠느냐'고 했지만 강제로 조합원이 됐던 그 할아버지는 이제서야 사업 이탈 여부를 선택할 수 있게 된다. 새 아파트를 분양받을 것인지, 아니면 현금 청산을 받고 나갈 것인지 말이다. 부동산 시장 하락기엔 아예 털고 나가려는 현금 청산자가 많아 사업이 발목을 잡히는 경우도 왕왕 있다.

현금 청산자를 분류하고 조합원 분양을 끝내면 관리 처분 계획 인가를 받아야 한다. 쉽게 말해 조합원들끼리 누가 얼마를 더 내고 누가 얼마를 받을지 정하는 일이다. 예를 들어 새 아파트가 5억 원인데 조합원의 원래 재산, 그러니까 권리가액이 1억 원이었다면 4억 원만큼의 차액을 내야 한다. 이걸 분담금이라고 한다. 반대로 권리가액이 6억 원이었던 조합원은 1억 원만큼을 돌려받는다. 이걸 환급금이라고 한다. 환급금을 받는 경우보단 분담금을 내는 경우가 많다.

일반 분양을 몇 세대나 하게 될지도 이 단계에서 결정된다. 예를 들어 1천 세대짜리 아파트를 짓는데 조합원은 800명이고 이 가운데 50명이 현금 청산을 선택했다고 해보자. 그럼 조합원에게 분양할 750세대를 제외한 나머지 250세대를 일반에 분양할 수 있다는 계산이 나온다.* 관리 처분 단계에선 이 일반 분양분에 대한 가격도 결정해 사업비를 얼마만큼 충당할 것인지에 대한 계산도 끝내야 한다. 다만 오랜 기간 사업을 끌고 간 조합원들과 일반 분양자 사이의 가격 차이는 있다. 통상 일반 분양분이 수억 원 비싸다.

관리 처분 계획에 대한 인가까지 떨어지면 재개발 사업은 8부 능선을 넘었다고 해도 과언이 아니다. 물론 산 정상에 오르기 직전에 조난을 당하는 일도 많다. 이제부터 이주와 철거를 진행하게 되는데 이 단계가 아주 골치 아프다. 죽어도 떠나지 못하겠다며 수년째 알박기를 하는 세입자나 수백억 원대 보상금을 요구하는 종교 시설 등 예상치 못한 복병들이 튀어나오기 때문이다. 이주라는 단어만 듣자면 뚝딱 이사를 끝낼 수 있을 것 같지만 1~2년 이상 걸리는 일이 허다하다. 다만 이주가 마무리된 뒤 철거 단계는 전광석화와 같다.

이주와 철거가 마무리되면 착공과 동시에 일반 분양을 하게 된다. 이 단계에선 사실상 재개발 사업이 끝난 것과 마찬가지다. 조합

● 비상 비축분 개념인 보류지 등의 물량도 따로 빼둬야 하기 때문에 실제로는 250세대보다 적은 물량을 일반에 분양하게 된다.

원들이 더 이상 할 일이 없기 때문이다. 얌전히 새 아파트 준공만 기다리면 될 일이다. 물론 행정적으론 준공 이후에도 처리해야 할 일이 산적하다. 운이 안 좋다면 앞 장에서 짚어봤던 미등기 아파트가 될 수도 있다. 그래도 이 기나긴 과정을 시작도 하지 못했거나 중간 단계에 있는 재개발 구역들보단 낫지 않은가.

2. 재건축

① 개념

3-2 재건축 사업 과정

재건축 사업 과정은 재개발과 크게 다르지 않다. 사업이 진행되는 동안 일어나는 잡음과 벌어질 일들도 대부분 비슷하다. 재개발 부분을 힘주어 길게 쓴 이유다. 다만 절차적인 부분에서 큰 차이가 있다면 안전진단이다. 재건축의 첫 관문인 안전진단은 그 아파트가 얼마나 튼튼한지를 따져보겠다는 의미다. 다소 어폐가 있지만 안전진단을 통과했다는 말은 그 아파트가 그리 안전하지 않다는 의미기도 하다. 튼튼하지 않은 아파트일수록 재건축 사업이 빠르다.

② 차이

재건축이 재개발과 가장 크게 다른 부분은 땅과 건물을 모두 소유해야 새 아파트를 받을 수 있다는 점이다. 앞서 재개발의 경우 땅이든 건물이든 둘 중 하나만 있어도 가능했다. 그러나 재건축은 둘 다 본인 명의로 소유하고 있어야 나중에 새 아파트로 돌려받는다. 사실 아파트의 등기가 건물과 부속 토지까지 한 번에 묶여 있기 때문에 따로 소유하는 것조차 힘들다. 하지만 처음부터 건물과 토지의 소유가 달랐다거나 행정적 처리가 꼬여버리면서 재건축 사업을 앞두고 소송전을 벌이는 경우도 있다.

또 한 가지는 강제 조합원 제도가 아니라는 점이다. 처음부터 조합 설립에 동의하지 않았다면 사업이 진행되는 동안 비조합원으로 분류된다. 당연히 의사 결정 과정에 참여할 수 없고 조합원 분양 시점에 현금 청산을 받으면서 완전히 이탈한다. 중간에 조합원 가입원서를 작성하고 사업에 참여하는 건 가능하다.

③ 통합 재건축

종종 통합 재건축이 이뤄지는 것도 재건축의 특징이다. 우리 단지와 이웃 단지가 합심해서 하나의 새 아파트를 만드는 것이다. 아무리 새 아파트가 좋다 한들 중소 규모 아파트에선 설계나 시설이 제한적일 수밖에 없기 때문에 서로의 땅을 합쳐 대단지로 업그레이드하는 개념이다.

하지만 이웃 간의 갈등도 많다. 두 단지가 완전히 똑같은 조건에서 출발하는 경우는 거의 없기 때문에 상대적인 손해를 보는 쪽에서 불만이 제기될 수밖에 없다. 집행부 구성에서부터 나중엔 조합원 분양분의 동·호수 배정까지 갈등이 이어진다.

통합 재건축의 범주엔 상가도 포함된다. 아파트는 보통 상가를 끼고 있는데, 이 상가가 지적도상 아파트와 같은 필지에 들어섰는지 아닌지에 따라 희비가 교차한다. 같은 필지라도 토지 분할을 통해 상가를 떼어내고 재건축하는 경우도 많다. 갈등의 상당 지분을 차지하기 때문이다. 재건축 사업에서 상가와의 소송은 통과의례에 가깝다.

④ 갈등

상가 소유주들은 재건축 공사가 진행되는 2~3년 동안 임대 수익을 받을 수 없다. 세들어 장사하던 영업주들도 공사 기간 동안 장사를 할 수 없기 때문에 아예 업장을 옮기는 편이 낫다. 이 과정에서 권리금●이 증발한다. 이렇듯 상가 소유주나 세입자 입장에선 재건축 사업이 당장의 재산권을 침해하는 일이기 때문에 달가울 리 없다. 모든 갈등의 출발점이 여기에 있다. 재건축 사업에 참여하는 대가로 그에 합당한 보상을 받으려 할 수밖에 없는데, 다시 아파트 소

● 상가 세입자들이 점포를 인수인계할 때 주고받는 웃돈. 이전 세입자가 해당 점포 또는 위치에 대한 가치를 높인 것에 대해 지불하는 돈으로, 소유자에게 내는 보증금이나 월세와는 전혀 별개의 비용이다. 영업이 잘 되지 않는 점포라면 당연히 권리금이 낮거나 없다. 과거엔 법에서 권리금의 존재를 전혀 인정하지 않았다. 하지만 2000년대 초반 재개발 구역의 권리금 갈등이 용산 참사로 이어지면서 사실상 법제화됐다.

유주들 입장에선 보상이란 게 불편할 수밖에 없는 문제다.

또 상가 소유주들은 새 상가로 분양받는 게 원칙이지만 예외 규정을 통해 새 아파트를 분양받을 수 있도록 열어주는 경우도 있다. 이 문제 또한 여러 가지 갈등의 근원이다. 조합원들은 절대 손해를 보려 하지 않기 때문이다. 앞서 관리 처분 계획에 대해 설명했지만 누가 얼마를 더 내야 하고 누가 얼마를 받는지 1원 단위까지 계산하는 게 재개발, 재건축 사업이다. 그래서 보통의 아파트 조합원들은 갈등 유발과 사업 지연의 원인으로 꼽히는 상가 소유주들을 배척하려는 경향이 강하다.

상가 소유주들도 호락호락하지는 않다. 수도권의 한 재건축 단지 상가의 경우 아파트 소유주들이 상가를 분리해내고 따로 재건축을 하려 하자 장례식장 등 혐오 시설을 유치하겠다며 이른바 멸망전을 벌이기도 했다. 상가와의 통합 재건축은 이만큼 어렵고 시끄럽다. 2000년대 초반부터 강남 아파트들이 휘황찬란한 재건축을 진행했지만 단지 앞 상가는 낡은 채로 방치된 이유기도 하다. 반대로 상가까지 멀끔한 재건축을 끝낸 곳엔 말 못할 사연들이 잠들어 있는 셈이다.

어떤 곳과도 통합하지 않고 같은 아파트 주민들끼리만 재건축을 진행하더라도 갈등은 부지기수다. 앞서 짚어본 것처럼 갈등은 주로 상대적 손해라는 계산 때문이다. 그런데 모두의 조건이 같다면 이런 계산을 할 일도 없어진다. 그래서 단일 면적대로 이뤄진 아파트가 가장 잡음 없이 재건축 사업을 진행하는 편이다. 반대로 1천 세대짜리 아파트인데 전용 면적 59㎡가 900세대, 84㎡가 100세대라면 나중에 재건축 사업을 할 때 어떤 계파가 주도권을 장악하고 자신들에게 유리하게 판을 짤까? 알수록 보이는 게 재건축 투자다.

3. 결론

믿기 힘들겠지만 여기까지 정비 사업에 대해 간단하게 짚어봤다. 재개발과 재건축은 부동산 시장의 분위기에 따라 사업 추진의 동력이 달라진다는 게 특징이다. 다만 분위기가 너무 좋아도 까다로운 규제들이 생겨나곤 한다.

정비 사업의 핵심은 주민들이 사업의 시행자, 즉 주체가 된다는 점이다. 그만큼 이익이 크지만 반대로 손해도 무한하다. 위치가 좋고 사업성이 뛰어나도 다양한 이유로 사업이 지연되거나 무산된다. 재건축·재개발 관련 규제가 다 된 사업에 치명상을 입히기도 하고 이권 개입이나 집행부의 비위, 조합원들끼리의 정치 싸움 등으로 10년, 20년이 지나가버리기도 한다. 재개발, 재건축 투자를 고민하고 있다면 몸에서 사리를 보겠다는 각오 정도는 하자.

동료이자 적, 시공사

정비 사업 조합이 탄생한 이래 가장 화려한 스포트라이트를 받는 시기는 시공사 선정 단계다. 누구와 짝을 이뤄서 어떤 결과를 내려는지에 대한 윤곽이 나오기 때문이다. 사람의 인생에 비유하자면 결혼과 비슷하다. 가장 가까운 동료이자 때론 적이라는 점에서도 그렇다.

시공사 선정 전엔 건설사들이 간과 쓸개를 모두 빼준다. 조합원들의 표를 얻기 위해서다. 금품 살포도 암암리에 이뤄지는 원시적인 경쟁 시장이 바로 시공사 선정 단계다.

아웃소싱 직원들을 말하는 이른바 OS 요원도 대거 동원된다. 이들은 대형 마트의 여사님들 같은 존재다. 여사님들은 대형 유통사의 정식 직원이 아니지만 최전선에서 고객의 마음을 훔치며 행사 상품을 팔아야 하는 외판원이다. OS 요원들도 마찬가지다. 문제가 생기면 건설사들이 꼬리를 자를 수 있도록 소속은 달리하지만 특정 건설사로 투표하도록 독려하는 역할이다.

물론 영업 못지않게 각 건설사가 내세우는 브랜드와 특화 설계, 조건도 중요하다. 다만 브랜드는 선호도 순위가 거의 정해져 있다. 대형, 유명 건설사일수록 선호도가 높다.

선호도에서 뒤처지는 건설사일수록 해당 조합만을 위한 특화 설계나 금융 비용 등의 조건에 신경 써야 한다. 분양가 얼마를 받게 해서 조합원들의 이익을 늘리겠다는 둥 허황된 공약도 판친다. 물론 공약이 늘어날수록 공사비가 오를 수밖에 없고, 이는 필연적으로 시공사 교체 갈등까지 이어진다.

시공사의 구애가 끝나고 선정이 마무리되면 슬슬 주도권도 넘어간다. 밥 먹고 재개발, 재건축만 하고 사는 건설사의 전문성을 조합이 따라갈 수 없기 때문이다. 인·허가 단계에서 시공사의 도움이 절실한 것도 사실이다. 조합장은 허울뿐이고 시공사가 사실상 수렴청정하는 조합들도 있다.

조합 입장에선 시공사가 돈줄이기도 하다. 언제 끝날지 모르는 사업 기간 동안 조합을 운영해가야 하는데 분양 전까진 돈 나올 구석이 없다. 그래서 시공사에 대여금 형태로 돈을 받고 사업이 끝날 때 돌려준다.

조합과 시공사가 결별하게 되는 이유도 십중팔구는 돈 문제다. 특히 설계와 관련한 부분은 점점 다운그레이드로 진행되거나 공사비가 야금야금 오른다. 애초 인·허가나 수지타산을 신경 쓰지 않고 수주만을 위해 만들어낸 청사진이기 때문이다.

공사비 증액은 그만큼 조합원들이 돈을 더 내야 한다는 의미다. 조합원들이 이를 받아들일 수 없다면 결국 시공 계약을 해제하고 다시 시공사를 찾아야 한다. 물론 잘린 시공사와의 소송전도 진행하면서 말이다. 서로가 서로를 속속들이 알고 있는 만큼 진흙탕 싸움인 게 바로 헤어질 때의 싸움이다.

공공연하진 않지만 시공사 선정 단계에서 바지 입찰이 진행되는 경우도 있다. 시공사를 선정할 때 건설사 한 곳만 입찰한다면 유찰되기 때문이다. 계속 한 곳만 입찰해 여러 차례 유찰이 거듭된다면 수의 계약이 가능하다. 하지만 이 과정에 걸리는 시간이 만만치 않다. 그래서 A건설사만 입찰하는 게 유력한 사업장에 B건설사도 명목상으로만 입찰하게끔 바지를 세우는 것이다. B건설사는 일종의 샌드백 역할을 하는 셈이다.

건설사들끼리는 서로가 어떤 사업장에 입찰할지를 속속들이 파악하고 있어서 가능한 일이다. 이때 B건설사의 조건은 당연히 A건설사보다 뛰어날 수 없다. 그렇다면 B건설사는 어떤 대가로 A건설사를 도와줄까? 반대의 상황일 때 A건설사가 바지 입찰을 해주기 때문에 그렇다. 상부상조인 것이다.

과열된 수주전이 조합에 어부지리를 가져다주는 경우도 있다. 특정 지역에서 재개발이나 재건축이 동시에 진행된다면 사업 조건을 서로 비교해볼 수밖에 없다. 이땐 시공사를 늦게 선정하는 곳일수록 좋은 조건을 받아내는 경우가 많다. 앞선 조합들의 조건이 일종의 기준점 역할을 하기 때문이다.

그런데 먼저 정한 조합과 마지막에 정한 조합의 시공사가 같다면 어떨까? '잡은 물고기'로 간주돼 천대받은 조합 입장에선 건설사에 충분히 이의를 제기할 수 있다. '쟤들은 해줬는데 왜 우린 안 해줘' 식으로 말이다. 실제로 건설사들의 딜레마도 이 지점이다. 이미 수주한 사업장이 존재하고 그 인근에서 다시 수주전을 벌일 때 어느 수준까지 조건을 제시할 것인가? 조합의 집행부가 기민하다면 여기서 충분히 이득을 얻어낼 수 있다.

집이 낡았다는데
왜 기뻐할까?

'○○아파트의 안전진단 통과를 축하합니다 -△△건설 임직원 일동'

재건축을 하니 마니 하는 아파트 단지를 둘러보다 보면 이런 현수막을 흔하게 볼 수 있다. 앞서도 짚어봤지만 사실 모순된 문장이다. 안전진단을 통과했다는 건 그만큼 아파트가 부실하다는 의미인데 그걸 또 축하한다니……

재개발과 재건축의 최우선 요건은 노후도다. 정확히는 그 지역에 들어선 단독 주택이나 빌라, 아파트가 법에서 정한 노후 불량 건축물로 판단되느냐다. 그래서 집이 낡았다는 공인을 받는다는 건 사업의 조건을 충족했다는 이야기와 같다. 이 조건을 갖추지 못한 지역들은 더 낡아 보이기 위한 노력도 서슴지 않는다. 폐가를 그대로 방치하고 외벽이 갈라져도 새로 페인트칠을 하지 않고 그대로 두는 등 나름 각고의 노력을 기울이기도 한다.

재개발을 하려는 곳에선 그 지역의 건물 동(棟) 수 기준 3분의 2 이상이 노후 불량 건축물로 분류돼야 한다. 여기서 노후 불량 건축물로 판단하는 연한은 지역마다 차이가 있다. 재개발이 가장 활발하게 이뤄지는 서울을 기준으로 지은 지 20년이 지난 단독 주택, 25년이 지난 다가구 주택, 30년이 넘은 다세대 주택이 해당된다.•

재건축 아파트의 노후도 충족 여부 또한 연한을 기준으로 판단한다. 준공된 지 30년이 지나면 연한을 충족하는 것으로 알려져 있지만 실제로는 복잡한 계산식을 거쳐야 한다. 서울의 경우 1981년까지 지어진 아파트엔 20년이 적용된다. 1987년 이후 준공된 단지들엔 30년이 적용된다. 그 사이 지어진 곳들엔 20년+1~2년의 형태로 연한을 계산한다. 하지만 2017년 이후부턴 연한이 30년보다 짧아질 수 없었던 까닭에 '재건축=30년'이란 등식이 굳어졌다.

부산의 경우엔 1990년까지 지어진 아파트엔 25년의 연한을 적용하지만 1995년부터 지어진 아파트엔 30년을 적용한다. 그 사이 지어진 단지들의 경우 25년+(준공연도-1990) 형태의 산식으로 연

• 다가구 주택은 일반적으로 원룸. 다세대 주택은 빌라 형태가 많기 때문에 이를 기준으로 구분하면 편리하다. 다가구 주택은 전체가 하나의 집으로 간주돼 한 사람이 소유하지만 다세대 주택은 각각의 집을 구분해 소유한다.

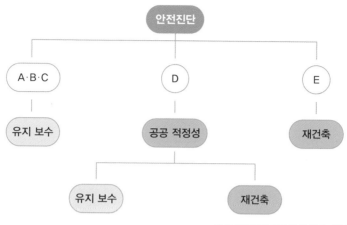

3-3 안전진단 등급(출처: 국토교통부)

한을 계산한다. 예를 들어 1994년 지어진 아파트라면 25 + (1994 − 1990)가 연한 계산식이다. 이 아파트는 30년이 아닌 29년 만에 재건축 연한을 채운다는 의미다. 이처럼 지자체별로 조례를 통해 재건축 연한을 달리 규정하고 있기 때문에 30년이란 숫자에 매몰돼선 안 된다.

다만 재건축 사업의 노후도를 따질 땐 실무 면접격인 안전진단을 거쳐야 한다. 재건축 대상 단지 주민들에겐 초미의 관심사다. 안전진단의 등급에 따라 재건축 추진 여부가 판가름나기 때문이다.

안전진단에서 A·B·C등급이 나온다면 집을 그냥 유지 및 보수해서 써야 한다. 집이 튼튼하다는 결과지만 주민들은 재건축 탈락으로 받아들인다. E등급은 즉시 재건축이다. 이 경우 보통 안전에 중대한 하자가 있다. 대부분은 조건부 재건축인 D등급의 성적표를 받는다. 2차로 정밀 안전진단을 받아 유지·보수냐 재건축이냐가

3-4 정밀 안전진단 항목

구분
주거 환경
건축 마감 및 설비 노후도
구조 안전성
비용 분석

(출처: 국토교통부)

결정된다.

재건축 아파트는 외곽의 신도시 아파트와 달리 도심 한가운데 위치한 경우가 많다. 사업의 상징성이 크고 준공 이후 주변 가격에 미치는 파급력이 크다. 그래서 정권마다 재건축 사업의 속도 조절을 통해 집값을 잡거나 인기를 끄는 데 활용해왔다. 이때 가장 손대기 쉬운 게 안전진단 가중치 조정이다.

표 3-4 안전진단 항목의 가중치는 부동산 시장 상황에 따라 바뀌기도 한다. 여기서 주거 환경은 주차장이 좁다거나 녹물이 나온다든지 등의 편의를 따지는 항목이다. 구조 안전성은 아파트가 튼튼한지 아닌지를 보는 항목이다. 재건축을 어렵게 할 땐 구조 안전성의 가중치를 올리고, 재건축을 쉽게 할 땐 주거 환경의 가중치를 올린다.

재개발·재건축
할 수 있는 곳과 없는 곳은?

정비 사업의 필수 요건엔 노후도만 있는 게 아니다. 다른 조건들도 충족해야 하고 동의율도 맞춰야 한다. 그것도 정해진 시간 안에 해야 하는 일종의 타임 어택이다.

재건축 사업이 안전진단으로 실무 면접을 치른다면 재개발은 조별과제를 해결해야 한다. 필수 요건으로 동수 기준 3분의 2 이상의 노후 불량 건축물 비율을 충족한 뒤 선택 요건으로 한 가지를 더 충족시켜야 구역 지정이 가능하다.

선택 요건 가운데는 노후도를 다시 맞추는 방법이 있는가 하면 접도율, 과소필지, 호수밀도를 계산하는 방법도 있다. 어떤 것이든

필수 요건	선택 요건
노후도 2/3(동)	노후도 2/3(연면적)
	접도율 40% 이하
	과소필지 40% 이상
	호수밀도 60세대/ha 이상

(출처: 국토교통부)

해당 지역에 가장 유리한 것을 끌어다 쓰면 된다. 이 선택 요건을
맞추기 위해 구역 경계를 이리저리 조정하기도 한다.

선택 요건 가운데 노후도가 또 한 번 포함된다. 필수 요건이 건물
동수 기준이었다면 선택 요건은 연면적 기준이다. 연면적이란 건물
의 모든 바닥 면적을 더한 면적이다. 예를 들어 면적 $50m^2$짜리 건물
이 3층짜리고 모든 층의 면적이 똑같다면 연면적은 $150m^2$가 되는
셈이다. 이렇게 노후도를 따졌을 때 노후 불량 건축물의 연면적이
전체의 3분의 2를 넘는다면 기준을 충족한다. 해당 지역에 대형 신
축 건물이 많을수록 이 조건을 채우기는 어려워진다.•

접도율(接道率)은 단어 그대로 도로를 접하고 있는 집의 비율을
말한다. 정확히는 폭 $4m$ 이상의 도로를 접하고 있는 집의 비율이다.
40% 이하면 선택 요건을 충족한다. 도로도 제대로 닦이지 않은 동
네일수록 재개발 요건을 갖추긴 쉬운 셈이다.

• 대형 신축 건물 한 동이 들어섰다고 가정할 경우 동수 기준으론 노후도에 미치는 영향력이 미
미하지만 연면적 기준으론 단독 주택 수십 동을 합친 만큼의 영향력을 끼친다.

과소필지는 면적이 $90m^2$ 이하인 땅을 말한다. 조그만 땅이 한 데 모여 있고 그 땅의 주인이 모두 다르다면 통개발을 하긴 어려워진 다. 이 때문에 구역 내 과소필지의 비중이 40%를 넘어도 선택 요건 을 충족한 것으로 본다. 그리고 사람이 너무 많이 살아도 재개발 요 건을 충족한다. 호수밀도의 기준은 ha당 60세대 이상이다.

구역 지정 기준만 갖춘다고 해서 면접을 통과하는 건 아니다. 재 개발이든 재건축이든 추진 위원회를 설립하기 위해선 토지등소유자 50%의 동의를 얻어야 한다. 그리고 최종적으론 75%의 동의율을 맞춰야 조합을 설립할 수 있게 된다. 어디까지나 머릿수 기준이다.

재개발의 경우 조합 설립을 위해선 토지등소유자 75%의 동의 외 에도 면적 기준 50%의 동의가 필요하다. 이미 조합 설립에 동의한 75% 주민들의 땅을 모두 더했을 때 구역 면적의 절반 이상을 차지 하는지를 보겠다는 것이다. 조그만 땅을 여러 사람이 나눠 가진 뒤 머릿수 기준으로 사업을 밀어붙이는 걸 막겠다는 의미다. 재건축의 경우엔 면적 기준이 아닌 아파트 동별 동의율 50%가 추가로 필요 하다.

재개발이나 재건축 사업에 참여했던 이들이 입을 모아 하는 얘 기는 마지막 한두 장의 동의서 징구가 어렵다는 것이다. 한두 장만 더 있으면 되는데 그게 부동표라 쉽지 않다. 사업을 추진하는 입장 에선 마냥 기다릴 수만은 없어 애가 탄다. 정해진 기간 안에 다음 단계로 진행하지 못하면 사업이 수포로 돌아갈 수 있어서다.

재개발과 재건축의 근거법인 '도시 및 주거환경정비법'은 정비 사업이 일정 기간 안에 다음 단계로 진행되지 않으면 정비 구역 지정을 해제하는 일몰제를 규정하고 있다. 정비 구역으로 지정된 이후 2년 안에 추진위가 설립되지 않거나, 추진위가 설립된 지 2년 안에 조합이 설립되지 않는 경우, 조합이 설립된 지 3년 안에 사업 시행 계획 인가를 신청하지 않는 경우 등이다. 기한을 넘기면 지자체의 도시계획위원회 심의를 통해 해제 여부를 결정한다. 결국 동의서 징구가 지지부진한 곳은 추진위 2년 → 조합 2년 규정에 걸려 사업 추진이 무위에 그칠 가능성이 높다는 의미다.

사업성 좋은 곳을
찾는 방법은?

모든 정비 사업이 황금알을 낳는 거위는 아니다. 어떤 것은 오리 알이고 또 어떤 것은 뻐꾸기 알이다. 이를 구분하려면 사업성을 따져보면 된다. 얼마나 크게 지어서 얼마나 많이, 또 얼마나 비싸게 팔 수 있는가? 이게 사업성 분석의 거의 전부다.

재개발이나 재건축을 통해 새로 짓는 아파트는 일단 조합원들이 먼저 배정을 받고 나머지를 일반에 분양한다. 일반 분양을 많이, 비싸게 할수록 사업성이 오른다. 단순히 사업비를 충당하는 것을 넘어 수익이 남기 때문이다.

새로 지을 수 있는 아파트의 크기가 800세대로 정해져 있다고 해보자. 조합원이 400세대인 곳과 700세대인 곳의 수익성엔 어떤 차이가 있을까? 전자의 경우 조합원분을 제외한 나머지 400세대를 일반에 분양할 수 있지만 후자는 100세대만 일반에 분양할 수 있다. 분양가가 같다면 조합의 수익이 네 배나 차이 나는 셈이다.

아파트 규모 대비 조합원 비율이 낮아야 하는 것도 중요하지만 절대적 숫자가 적을 때의 장점도 무시할 수는 없다. 우선 이익을 나눠 가져야 하는 동료가 줄어든다. 그만큼 자신의 수익이 늘어난다. 그리고 갈등 요인이 줄어든다. 대개의 정비 사업은 조합 규모가 클수록 사업이 산으로 가거나 오만 갈등이 싹튼다.

그런데 새로 지을 수 있는 아파트의 크기는 어떻게 정해질까? 여기서 용도 지역과 용적률이 등장한다. 용도 지역은 주거지와 상업지 등으로 땅의 쓰임을 정해두는 개념이다. 포털 사이트나 모바일 앱 지도에서 지적도를 눌렀을 때 색으로 구분되는 게 바로 땅의 용도 지역이다. 아파트 등이 들어서는 주거지는 노란색 계열이다.

3-6 용도 지역별 용적률 상한

구분	용적률 상한
1종 전용 주거지	100%
2종 전용 주거지	150%
1종 일반 주거지	200%
2종 일반 주거지	250%
3종 일반 주거지	300%
준주거	500%

(출처: 국토교통부)

그런데 주거지라고 해서 다 같은 땅은 아니다. 전용 주거지와 일반 주거지로 나눈다. 전용 주거지의 경우 보통 단독 주택 용지로 쓰인다. 빌라나 아파트는 일반 주거지에 들어선다. 그리고 그 땅을 다시 1·2·3종으로 분류한다. 종이 높을수록 밀도가 높게 개발할 수 있는 땅이란 의미다. 이 같은 용도 지역의 구분은 도시 계획이란 큰 틀 안에서 결정되기 때문에 거의 변하지 않는다.

이때 함께 등장하는 용적률은 토지 대비 건물 연면적의 비율이다. 만약 $100m^2$짜리 땅에 면적 $50m^2$짜리 2층 건물(연면적 $100m^2$)을 짓는다면 용적률은 100%다. 같은 면적의 건물을 4층(연면적 $200m^2$)으로 올린다면 용적률은 200%가 되는 식이다. 결국 재개발이나 재건축을 하려는 곳이 용도 지역상 어떻게 구분되고, 용적률 상한이 얼마인지가 새로 지을 수 있는 아파트의 크기를 결정하는 것이다.

재건축의 경우 현재의 아파트 용적률과 새로 짓게 될 아파트의 용적률을 비교해보면 사업성이 뛰어난 곳인지 아닌지 금방 구분할 수 있다. 예컨대 2종 일반 주거지에 있는 아파트고 이미 용적률이 220%라면 앞으로 늘릴 수 있는 용적률은 30%포인트가 최대다. 이만큼의 여분을 토대로 계산해보면 현재 대비 늘릴 수 있는 세대수, 그러니까 일반 분양으로 벌어들일 수 있는 수익이 나온다.

사업성이 다소 떨어지더라도 입지의 힘으로 정비 사업을 끌고 갈 수도 있다. 하지만 이 같은 유형은 사업 기간이 길어지고 비용이 증가할수록 동력이 끊기고 만다. 2000년대 초반 강남 재건축은 5층짜리 저층 주공 아파트가 대부분의 사업 유형이었다. 용적률이 남아돌 수밖에 없었고 그만큼 사업성이 뛰어났다. 하지만 저층 아파트 재건축 시대는 저물었다. 강남뿐 아니라 목동과 상계동, 1기 신도시까지 15층 안팎의 중층 아파트를 재건축해야 하는 시대가 왔다. 허용된 용적률을 이미 꽉꽉 채운 상태에서 억지로 사업성을 찾아가며 재건축을 진행해야 하는 셈이다.

1기 신도시 특별법이 논의되는 것도 이 같은 이유에서다. 특별법은 모든 법의 상위에 있는 법이다. 다른 법과 상충할 땐 특별법이 우선한다. 결국 특별히 용적률 상한을 올려주겠다는 이야기나 다름없다.

사실 서울 등 수도권 지자체는 용적률을 법적 상한보다 낮게 적용하고 있다. 3종 일반 주거지의 상한이 300%라면 250%로 적용하는 식이다. 나머지 50%포인트는 조건부로 열어준다. 3종 일반 주거지에서 250%를 꽉 채운 아파트가 재건축을 하고자 한다면 이 조건을 충족시키면서 사업성을 확보해야 하는 셈이다. 이때 조건은 임대 주택이다. 늘어나는 용적률 50%포인트 가운데 절반을 임대 주택으로 짓는 대신 나머지 25%포인트를 받는다.

앞으로의 재건축은 이처럼 용적률 인센티브를 통해 숨어 있던 용적률을 찾아가야 하는 게 대부분이다. 아니라면 2종을 3종으로, 3종을 준주거로 만드는 종 상향을 이뤄야 한다. 하지만 종 상향은 담보하기 힘들기 때문에 시나리오에 두지 않는 편이 낫다.

재건축 저승사자, 초과 이익 환수제

재건축은 재개발과 달리 사업성을 따질 때 한 가지 요인을 더 고려해야 한다. 바로 초과 이익 환수제다. 이름처럼 재건축 사업으로 얻는 이익에 대해 부담금을 부과하는 제도다. 재개발은 공익적 목적이 있다고 보고 이 같은 초과 이익을 따지지는 않는다.

환수제는 조합원 1인당 평균 이익이 1억 원을 넘을 때 작동한다. 이때 평균 이익은 사업 종료 시점 집값에서 개시 시점 집값을 빼 계산한다. 종료 시점은 당연히 아파트가 준공됐을 때다. 개시 시점은 조합 설립 시점이다.

그나마도 최근 들어 대폭 완화된 기준이다. 종전엔 조합원 1인당 평균 이익이 3천만 원을 넘으면 부담금이 부과됐다. 사업 개시 시점도 추진위원회 설립 시점으로 봤다. 조합 설립보다 전 단계부터 개시 시점이 인정되는 만큼 초과 이익에 집값 상승분이 더 반영되는 구조였던 셈이다. 초과 이익을 줄이기 위해 집값 고점에 추진위를 설립하기 위해 시점을 조정하는 촌극이 벌어지기도 했다.

환수제가 도입된 건 2006년이다. 하지만 2012년 연말부터 2017년 연말까지 5년간 유예됐다. 부활 시점인 2018년은 집값 상승기와 궤를 같이했는데, 이 시기 재건축을 추진하던 단지들은 대부분 환수제를 적용받았다. 강남 일부 재건축 단지들의 경우엔 정부가 추산한 예정 부담금이 세대당 5억이란 계산이 나오면서 사업을 포기하겠다는 이야기가 나오기도 했다.

실현되지 않은 이익에 대한 사실상의 과세, 재산권 침해 등의 논란에 시달린 환수제는 결국 헌법재판소까지 갔다. 결과는 합헌. 2019년 연말부터 재건축 초과 이익 환수제와 관련한 위헌 얘기는 쏙 들어가고 말았다.

10억 원짜리 집이
1억 원이 된다고?

곧 재개발이 될 예정인 단독 주택을 10억 원에 샀다고 해보자. 새로 짓게 될 아파트의 조합원 분양 가격은 8억 원이라고 한다. 2억 원을 돌려받을 수 있을 줄 알았는데 오히려 7억 원을 더 내란다. 어떻게 된 일일까?

재개발 물건의 실투자금을 계산하기란 여간 복잡한 게 아니다. 얼핏 들어선 제대로 이해도 되지 않는다. 이는 권리가액과 프리미엄의 개념 때문이다.

앞에서 짚어본 것처럼 권리가액은 재개발 대상 물건의 실제 가치다. 조합에서 일괄적으로 감정 평가를 진행한 종전 자산 평가액에다 비례율[●]을 곱해 계산한다. 재개발 구역에서 재산과 관련한 모든 권리 행사는 이 권리가액이 기준이다.

3-7 실투자금 계산식

권리가액	1억 원
매매 가격	10억 원
(매매 가격 − 권리가액) 프리미엄	9억 원
조합원 분양가	8억 원
(조합원 분양가 − 권리가액) 분담금	7억 원
(매매 가격 + 분담금) 실투자금	17억 원

다시 처음으로 돌아가보자. 단독 주택을 10억 원에 샀다고 하더라도 10억 원은 시세일 뿐 그 집의 진짜 가치는 아니다. 진짜 가치는 감정 평가액에 비례율을 곱한 권리가액이다. 조합원 분양 가격이 8억 원인데 차액으로 7억 원을 내야 했으니 이 집의 권리가액은 1억 원밖에 안 된다는 이야기다. 이때 조합원 분양가와 권리가액의 차액인 7억 원이 바로 분담금이다.

그럼 1억 원짜리 집을 왜 10억 원이나 주고 샀을까? 여기 추가로

● 조합의 총수입에서 총사업비를 뺀 가격을 모든 조합원의 감정 평가액으로 나눈 값. 비례율 100%를 기준으로 이보다 높으면 사업성이 좋다고 평가하고, 이보다 낮으면 사업성이 떨어진다고 평가한다. 다만 비례율이 높아져 조합의 수입이 늘어나면 법인세 등의 비용이 발생하기 때문에 통상 100~110% 이내에서 맞추는 게 일반적이다. 이때는 조합원 분양분 아파트를 고급화해 원가를 높이거나 감정 평가 금액을 높여 비례율을 조정한다.

붙은 9억 원이 바로 피(P), 프리미엄이다. 재개발 구역에서 조합원이 될 수 있는 물건은 한정적인데 수요가 몰리다 보니 피가 붙으며 가격이 오르는 것이다.

다만 감정 평가가 진행되기 전이어서 권리가액이 존재하지 않는다면 추정 감정가를 통해 비용을 계산한다. 매매가는 10억 원짜리 집이지만 나중에 감정가는 1억 원 정도밖에 나오지 않을 것이라 프리미엄이 9억 원 정도 된다고 중개업소가 다 설명해줄 것이니 걱정하진 말자.

일반적으로 단독 주택이나 빌라는 시세 대비 감정 가격이 아파트에 비해 낮은 편이고, 대지 지분의 크기나 위치, 연식 등에 따라 개별성이 강하다. 감정가액이 낮을수록 원래의 가치가 높지 않았던 집이고 그만큼 새 아파트로 돌려받기 위해 내야 하는 비용도 늘어나는 것이다.

실투자금은 얼마가 든 걸까? 권리가액은 1억 원이었지만 프리미엄 9억 원을 얹어서 10억 원을 지불했고, 분담금으로 다시 7억 원을 냈으니 총 17억 원이 들었다. 이 투자자가 나중에 새 아파트를 매각할 때 최소 얼마를 받아야 하는지 답이 나온 것이다. 여기에 중개 수수료와 세금, 이자비용 등을 더하면 18억~19억 원을 받아도 본전인 셈이다.

극단적인 가정이지만 재개발 물건에 대한 비용 계산은 대체로 이를 크게 벗어나지 않는다. 재건축도 원리는 같지만 감정 가격의 개별성이 강하지 않고, 경매 등을 통해 같은 단지와 면적대의 감정 가격이 이미 많이 알려져 있어 권리가액을 예측하는 게 어렵지 않다.

하지만 재개발 물건은 권리가액 자체가 없는 경우도 존재한다.[*] 물론 권리가액이 낮아 향후 분담금을 감당하기 어렵다면 중도 매각이라는 좋은 방법이 있다. 털고 나가는 것이다. 새 아파트가 될 때까지 들고 있는 것만 투자가 아니다. 감당 가능한 범위에서 적당한 차익을 실현하고 바통을 넘기는 것도 현명한 투자다.

● 속칭 '뚜껑'으로 불리는 무허가 건물의 경우 권리가액이 존재하지 않는다. 무허가 건물은 대지 없이 건물만 소유하는 형태고 그마저도 허가가 없었기 때문이다. 다만 모든 무허가 건물에 대해 새 아파트 분양 자격이 주어지진 않고 준공 연도 등 특정 조건을 만족해야 한다.

새 아파트가 되는 집과
안 되는 집은?

　재개발 구역의 물건을 살 땐 분양 자격이 나오는지 아닌지가 가장 중요하다. 여기서 분양 자격이란 새 아파트 분양 자격을 말한다. 옛말로 '딱지'와 '물딱지'다. 정상적인 물건 같아 보여도 자세히 들여다보면 새 아파트를 받을 수 없는 물딱지도 많다. 이런 물건을 산다면 투자 실패를 넘어 사실상 조합에 기부하는 것과 마찬가지다.

　분양 자격은 지자체마다 약간의 차이가 있다. '도시 및 주거환경정비법'에서 얼개만 정해둔 채 세부적인 건 각 지자체의 조례에 위임해둔 탓이다.

　통상 서울시의 조례가 가장 복잡하고 세세하다. 정비 사업에선 일종의 빅리그여서 그간 수많은 투자자들이 몰렸고 이들의 변칙적인 전술을 방어해 나갔던 흔적이다. 실제로 다른 지자체의 정비 사업 관련 조례는 서울시의 규정을 준용하는 경우가 많다. 이번 분양 자격 내용도 서울시의 '도시 및 주거환경정비조례'를 기준으로 살펴보자.

재개발 구역의 분양 자격이 복잡한 이유는 집이나 땅을 임의로 늘려나갈 수 있기 때문이다. 아파트는 한번 지어진 집을 부수기 전까지 쪼개는 게 불가능하지만 단독 주택이나 땅은 그렇지 않다. 우리 집만 부수고 새로 지으면서 세대수를 늘리거나 땅을 쪼개 필지를 나눌 수 있다. 원래는 한 사람에게만 분양 자격이 주어질 수 있었는데 집과 땅이 나눠지는 만큼 분양 자격 또한 무한하게 늘어난다. 이게 바로 지분 쪼개기다.

지분 쪼개기는 그 지분을 파는 사람에게 자본적 이득을 가져다주고, 그 지분을 사는 사람에겐 분양 자격을 주기 때문에 얼핏 윈윈같아 보인다. 하지만 재개발 구역 전체로 보면 사업성을 하락시킨다. 조합원 숫자가 그만큼 늘어나면서 일반 분양분은 비례해 줄기 때문이다. 투기판이 제대로 벌어진 재개발 구역들의 경우 새로 짓는 아파트 세대수보다 조합원 숫자가 많아 되레 지분 합치기가 이뤄지기도 했다.

2000년대 초반 유행하던 지분 쪼개기는 대다수가 제도적으로 막혔다. 하지만 아직도 신축 쪼개기는 행해지고 있다. 단독 주택을 허물고 빌라를 신축하면서 지분을 쪼개는 방식이다. 1세대에 불과했던 분양 자격이 신축 빌라의 세대수만큼 늘어난다. 무분별한 신축 빌라 난립은 재개발 대상 구역의 노후도를 떨어뜨려 사업을 어렵게 한다. 앞서 언급한 것처럼 조합원 숫자가 필요 이상으로 늘어나게 돼 결과적으론 사업성을 떨어뜨리는 요인이 되기도 한다.

그렇다고 신축 쪼개기를 막무가내로 막기도 어렵다. 재개발 구역이 될지 안 될지도 모르는 상황에서 재산권 행사를 금지할 수 없기 때문이다. 빌라를 새로 지어놨더니 재개발 구역으로 묶여 머지 않아 철거해야 한다면 오히려 피해자 아니겠는가. 물론 대다수 업자들은 재개발 냄새를 맡고 빌라를 짓는다.

그래서 등장한 개념이 권리산정기준일이다. 재개발 구역으로 지정되는 곳, 혹은 지정될 곳에 고시해 이날 이후의 지분 쪼개기를 인정하지 않겠다는 것이다. 일종의 지분 쪼개기 금지일이다. 재개발 구역에 투자하겠다며 권리산정기준일 이후 신축된 빌라를 산다면 나중에 새 아파트 분양 자격을 얻지 못한다. 반대로 재개발 구역의 신축 빌라여서 미심쩍더라도 권리산정기준일 이전에 지어졌다면 분양 자격이 주어진다.

권리산정기준일의 핵심은 구역별 상황에 맞춰 다른 날짜를 고시한다는 점이다. 과거의 지분 쪼개기 관련 규제가 일괄적으로 날짜를 지정해 관리했던 것과 대조적이다. 투자를 검토하고 있는 물건이 있다면 준공일자와 함께 해당 구역의 권리산정기준일을 반드시 검토해봐야 한다.

TIP

구조례와 신조례

재개발의 분양 자격은 2010년 7월 15일을 기점으로 크게 달라진다. 서울시의 '도시 및 주거환경정비조례'가 이날 이후 크게 바뀌었기 때문이다. 통상 2010년 7월 16일부터 개정 시행된 조례를 신조례, 이전 조례를 구조례로 부른다. 이날 이후 정비 기본 계획이 수립된 재개발 구역은 신조례를 적용받고 이날 이전 기본 계획이 세워진 곳은 구조례를 적용받는 식이다.

신조례와 구조례의 가장 큰 치이는 권리산정기준일의 유무다. 이 개념은 신조례에서 도입됐다. 그래서 아직도 구조례를 적용받는 재개발 구역이 많다. 구조례를 따르는 구역에선 2008년 7월 30일 이전 건축 허가를 받아 지어진 빌라여야 분양 자격을 인정받을 수 있다.

다만 이 시점 이후 건축 허가를 받아 지은 빌라여도 개별 세대의 전용 면적이 새로 짓는 아파트의 최소 전용 면적 이상이면 분양 대상자가 될 수 있다. 빌라의 전용 면적이 60㎡인데 새로 짓는 아파트의 가장 작은 면적대가 전용 면적 59㎡라면 가능하다는 이야기다.

면적이 아닌 가격 기준으로도 분양 자격이 인정되기도 한다. 빌라 개별 세대의 권리가액이 5억 원인데 새로 짓는 아파트의 최소 분양 가격이 4억 원이라면 물딱지가 되지 않고 분양 자격을 인정받을 수 있다는 의미다.

싸다고 손대면 낭패

재개발, 재건축이 경매와 만나면 함정이 만들어진다. 앞서 살펴봤던 것처럼 경매 물건은 일단 시중 가격보다 싸게 나오기 때문이다. 왜 그런지를 고민하지 않고 비교적 저렴한 가격만 보고 뛰어들었다가 낭패를 보기도 한다.

이 같은 함정은 내로라하는 강남 재건축 단지들에서도 심심치 않게 만들어진다. 반포동의 한 재건축 아파트는 실거래 가격 대비 10억 원이나 낮게 경매에 나왔는데도 아무도 입찰하지 않아 화제가 된 적이 있다. 일부 언론은 대폭락의 전조로 보도하기도 했다.

하지만 재개발, 재건축 투자의 핵심은 분양 자격이다. 내가 산 낡은 집이 새 아파트로 바뀌는지, 그 낡은 집으로 새 아파트에 대한 분양을 신청할 수 있는지가 핵심이다. 경매의 사례는 분양 자격이 없는 집이었다. 원조합원이 아예 분양 신청을 하지 않았기 때문이다. 이 경우 경매 낙찰자 또한 분양 자격을 얻지 못하고 종전 자산 평가액(감정 가격 × 비례율)대로 현금 청산을 받고 사업에서 빠져야 한다. 낙찰가 수준에 따라 오히려 손해 보는 투자가 될 수 있는 셈이다. 언론의 분석과 달리 투자자들은 이 같은 맹점을 잘 알고 있었기 때문에 유찰이 거듭됐던 경우다.

다만 아무도 함정에 빠지지 않았던 것은 아니다. 한 차례 유찰된 이후 2차 입찰에서 한 투자자가 42억 원 안팎에 해당 아파트를 낙찰받았다. 하지만 현금 청산 대상인 것을 뒤늦게 파악하고 매각 허가 결정 취소를 얻어냈다. 매각 허가 결정 취소란 법원이 판단해 해당 경매를 물린다는 의미다.

물론 경매가 천금 같은 기회가 되기도 한다. 재개발에선 분양 자격을 얻을 수 있는 여러 가지 방법 가운데 땅을 90㎡ 이상 소유해야 하는 조건이 있다. 자신이 가진 땅이 85㎡인 상황이라고 해보자. 코딱지만 한 땅이 모자라 분양 자격을 얻을 수 없다. 이 같은 상황에서 같은 구역에 5㎡짜리 땅이 경매에 나온다면 어떨까? 비슷한 상황인 다른 투자자들이 몰려 경쟁하게 되거나, 그런 투자자들에게 팔기 위해 낙찰받는 또 다른 투자자들이 등장한다. 이때도 그 땅에 다른 하자가 없는지 반드시 살펴봐야 한다.

공포의 재당첨 제한

재개발, 재건축 투자는 분양 자격을 얻기 위한 행위이면서 하자와의 전쟁이기도 하다. 내가 사려는 물건에 하자는 없는지, 소유자들의 이력에 어떤 문제가 있었는지를 추적해나가야 하기 때문이다.

여러 가지 하자 가운데 잘 드러나지 않고 개념 자체도 어려운 규정이 바로 재당첨 제한이다. 개념은 문자 그대로다. 한 번 당첨된 사람이 다시 당첨되는 걸 제한하는 규정이다. 잘 기억나지 않겠지만 1부에서 청약을 공부할 때도 이 제도를 짚어봤다.

정비 사업에서의 재당첨 제한은 조합원 분양을 의미한다. 투기 과열 지구의 A구역에 조합원으로 참여해 관리 처분 계획 인가까지 받은 사람은 투기 과열 지구의 B구역에선 조합원 분양을 신청하지 못하도록 제한하는 규정이다. 요약하자면 A구역과 B구역 둘 중 한 곳만 사업에 참여하도록 유도하는 규제다.

A구역의 새 아파트를 배정받은 상황에서 5년 안에 B구역의 분양 신청을 할 경우 B구역에선 현금 청산이 된다. 물론 A, B구역 모두 투기 과열 지구여야 한다는 조건이 존재하고, 시차가 5년을 넘긴다면 재당첨 제한은 해당되지 않는다.

문제는 이 조합원이 하자 있는 물건을 매각할 때다. 같은 사례에서 재당첨 제한을 적용받는 B구역 물건을 처분한다고 가정해보자. 재당첨 제한 적용 여부를 모르고 물건을 취득한 매수인은 나중에 새 아파트를 받을 수 없게 된다.

다주택자를
조심해야 하는 이유는?

지분 쪼개기만 지뢰가 아니다. 정비 사업에 투자할 땐 내게 집을 파는 매도인이 누구인지, 어떤 매매 이력을 가졌는지도 중요하다. 매도인의 하자가 나의 하자로 이어지고, 그 하자 때문에 분양 자격을 얻지 못하는 경우가 생길 수도 있기 때문이다.

대표적 하자 사례가 다물권(多物權)이다. 매도인이 여러 물건에 대한 권리를 갖고 있는 상황, 즉 다주택자라는 의미다. 재개발 구역과 재건축 단지에선 다주택자의 메리트가 없다. 한 구역 안에, 한 단지 안에 여러 채를 갖고 있다고 하더라도 새 아파트는 한 채만 배정되는 게 원칙이기 때문이다.

문제는 다주택자가 그 집을 팔았을 때다. 한 재개발 구역 안에 빌라 두 채를 갖고 있는 2주택자가 A주택은 본인 소유로 남겨두고 B주택은 처분했다고 해보자. 처분 시점이 조합 설립 이전이라면 아무 문제가 없다. 집을 판 사람과 산 사람 모두에게 분양 자격이 나온다. 하지만 조합 설립 이후 집을 팔았다면 두 사람 중 한 사람에게만 분양 자격이 주어진다. 매수인은 재개발 물건을 사놓고도 사실상 입주권*을 얻지 못한 것이다.

예외는 있다. 조합 설립 이후 거래가 이뤄졌더라도 그 시점이 2012년 12월 31일 이전이라면 A주택과 B주택 모두 입주권이 나온다. 당시 예외 규정에 따라 구제된 입주권이 지금도 거래되고 있을 수 있기 때문에 등기를 통해 매매 이력에 대한 족보를 세심하게 따져봐야 하는 셈이다.

더욱 중요한 건 매도인이 같은 구역 안에 다른 물건을 또 갖고 있는지를 반드시 확인해야 한다. 매도인과 중개인의 의무이기도 하다. 그래도 불안하다면 계약서에 '독자적인 분양권을 취득하기 위한 계약임을 확인한다'는 특약을 한 줄 넣는 게 가장 확실하다. 아니라면 조합에 방문해 서류를 일일이 확인해봐야 한다.

다물권 문제는 2010년 법제처의 유권 해석 이후 줄곧 글과 같은 내용으로 실무적 판단이 이어져왔다. 하지만 일부 소송이 고등법원

● 분양 자격을 얻어 새 아파트에 들어갈 수 있는 권리. 재개발, 재건축 거래를 통상 입주권 거래로 표현한다. 변호사들의 경우 입주권이란 용어보단 분양권이란 표현을 쓰는 경우가 많다. 관련 법령에서 입주권이란 용어는 규정하지 않고 있기 때문이다.

단계에서 정반대의 판단을 받았고, 다른 소송은 대법원의 판결을 기다리고 있다. 대법원 판례에 따라 분양 자격에 큰 변화가 생길 수 있다.

다물권이 인정될 경우 전국의 재개발 사업이 뿌리째 흔들릴 수 있다. 사업을 진행 중인 곳들은 이를 반영해 관리 처분 계획을 다시 짜야 하고, 사업이 끝난 곳들은 대거 소송에 직면할 수 있기 때문이다. 발 빠른 투자자들은 재개발 구역의 부동산을 매집했다가 사업이 진척된 이후 여러 사람에게 비싼 가격에 되팔려는 시도를 할 수 있다. 이렇게 조합원이 늘어나고 일반 분양분이 줄어들면 결국 사업성에 타격을 입게 되는 것이다.

우리 집인데
못 판다고?

'들어올 땐 마음대로였지만 나갈 땐 아니란다.' 딱 재개발과 재건축을 두고 하는 이야기다. 매각 자체가 쉽지 않기 때문이다. 매수인을 구하기 어려운 게 아니라 아예 법으로 매도 자체를 막고 있어서다.

앞서 정비 사업에 투자할 때 준공 시점까지 들고 갈 필요 없이 적절한 시점에 털고 나와도 된다고 강조했지만 사실 아무 지역에서나 가능한 건 아니다. 서울 등 투기 과열 지구 규제를 받는 곳에선 원칙적으로 조합원 지위 양도를 금지하고 있다. 재건축은 비교적 이른 조합 설립 시점부터 거래를 제한한다. 재개발은 관리 처분

구분	내용
1	장기 소유(5년 거주, 10년 보유)한 1주택자
2	상속·이혼으로 인한 양도·양수, 근무나 생업상 사정, 질병 치료, 취업, 결혼, 해외 이주로 세대원 모두 이전하는 경우
3	공공 및 금융 기관 채무 불이행에 따른 경매·공매

(출처: 국토교통부)

계획 인가 단계부터다.[●]

이 때문에 투기 과열 지구의 정비 사업에 투자하려면 그만큼 장기전을 염두에 둬야 할 수밖에 없다. 물론 언제나 그렇듯 예외 규정이 존재한다. 우선 1주택자가 집을 파는 경우다. 5년 이상 해당 주택에 거주하고 10년 이상 보유했던 경우 예외적으로 조합원 지위 양도를 인정한다.

상속이나 이혼 등으로 명의가 변경될 때도 마찬가지다. 생업을 이유로, 혹은 질병이나 해외 이주 등으로 세대원이 모두 이사를 가야 하는 경우에도 조합원 지위를 정상적으로 양도할 수 있다. 빚을 갚지 못해 경매나 공매가 진행될 때도 낙찰자에게 조합원 지위가 옮겨간다.

다만 투자자들이라면 새로 진입할 틈을 노리거나 출구 전략을 세우기엔 거리가 먼 규정들이다. 이땐 사업이 지연될 때마다 열리

● 2018년 1월 25일 이후 최초 사업 시행 계획 인가를 신청한 구역이 관리 처분 계획 단계에 다다랐을 때 한해서만 적용된다. 이전의 재개발 구역들에 대해선 조합원 지위 양도를 제한하지 않는다.

구분	내용
재건축	안전진단 통과 후 2년 이상 정비 계획 입안이 없는 경우
재개발·재건축	정비 구역 지정 후 2년 이상 추진위 설립 신청이 없는 경우
재개발·재건축	추진위 설립 후 2년 이상 조합 설립 신청이 없는 경우
재개발·재건축	조합 설립 후 3년 이상 사업 시행 계획 인가 신청이 없는 경우
재개발·재건축	사업 시행 계획 인가 후 3년 이상 착공하지 못한 경우
재개발·재건축	착공 후 3년 이상 준공하지 못한 경우

(출처: 국토교통부)

는 기회를 노려봄직하다. 우선 조합 설립 이후 3년 이상 사업 시행 계획 인가를 신청하지 않는 경우 투기 과열 지구라도 해당 조합원 자격에 대한 지위 양도가 가능해진다. 사업 시행 계획 인가 이후 3년 이상 착공하지 못할 때도 마찬가지다.

마지막은 착공 이후 3년 이상 준공하지 못한 경우다. 부득이하게 공사가 중단된 경우뿐 아니라 공기가 긴 사업장에도 해당된다. 대단지 공사의 경우 공사 기간만 3년을 훌쩍 넘기기 때문이다. 이땐 3년 이상 준공하지 못한 경우에 해당되기 때문에 사업 막바지에 차익을 실현하거나 반대로 합류하는 게 가능해진다. 그리고 생각보다 많은 투자자들이 이 기회를 활용한다.

조합원 지위 양도 제한은 집값이 오르는 시기에 정부가 재개발과 재건축을 억누를 수 있는 카드 가운데 하나다. 거래를 직접적으로 제한할 수 있기 때문이다. 그런데 제한하는 시기를 당기려는 움직임도 있다. 재개발의 경우 조합원 지위 양도 제한의 시점이 사업의 막바지여서 실효성이 없기 때문에 구역 지정 시점으로 앞당기는 것이다.

재건축도 여기에 맞춰 조합 설립 시점이 아닌 안전진단 통과 시점으로 당기겠다는 계획이다. '계획'으로 표현한 이유는 국토교통부와 서울시가 이에 대한 공감대를 형성하고 실현 방안까지 발표했기 때문이다. 실제로 정책이 확정되거나 법이 바뀐 것은 아니지만 언제든 거래 제한 시점이 앞당겨질 수 있다는 것을 명심하자.

왜 재건축을 하지 않고
리모델링을 할까?

리모델링은 지금까지 살펴본 재개발이나 재건축과 성격이 살짝 다르다. 이름에서부터 부수고 새로 짓는 개념이 아니라 고쳐서 쓰는 개념이지 않은가. 아파트의 골조는 유지하되 일부 증축을 하고 평면 설계 등을 손보는 사업 방식이다. 사실상 재건축의 하위 호환이다. 그런데도 재건축이 아닌 리모델링을 선택해서 사업을 하는 이유는 간단하다. 재건축이 불가능하거나 조건을 갖추기 어렵기 때문에 차선책으로 선택하는 것이다.

리모델링을 정비 사업으로 오인하는 경우가 많지만 정확히는 수선 사업이다. 재개발, 재건축이 '도시 및 주거환경정비법'에 따라 체계적으로 관리되는 반면 리모델링은 이를 관장하는 별도 법이 존재하지 않는다. '주택법'과 '건축법' 등을 부분적으로 근거 삼을 뿐이다. 애초 집을 개량해 주거환경을 개선하는 게 목적인 사업이었지 재건축의 대안으로 출발하진 않았기 때문이다.

하지만 리모델링이 인기를 얻은 건 역설적으로 재건축 아파트가 늘어났기 때문이다. 주변 단지들이 하나둘 멋지게 재건축되는데 우리 단지만 가만히 있을 순 없어서 뭐라도 찾은 게 리모델링이란 얘기다.

재건축과 비교하면 사업 속도가 빠른 게 장점이다. 일단 기준 연한이 짧다. 재건축의 노후 불량 건축물 기준이 대체로 30년이라면 리모델링은 15년이다. 그러니까 지은 지 20년 안팎인 아파트 주민들 입장에선 고민스러울 수밖에 없다. 앞으로 10년을 더 기다려서 재건축을 할 것인지 당장 리모델링을 진행할 것인지 말이다.

3-10 리모델링 사업 과정

추진 위원회를 설립하는 곳들이 있지만 모두 임의 단체다. 법에서 리모델링 사업의 주체로 인정하는 건 조합 단계부터다. 조합 설

립에 필요한 동의율은 66.7%다. 재건축 사업에 75%의 동의율이 필요한 것과 비교하면 일단 첫발을 떼긴 쉬운 셈이다. 향후 행위 허가 단계에서 최종적으로 75%의 동의율을 맞춰야 하는 건 같다.

안전진단의 허들도 낮다. 재건축 사업을 하려면 D등급이나 E등급이 필요하지만 리모델링은 B등급과 C등급도 가능하다. 골조가 튼튼해도 사업을 진행할 수 있다는 얘기다. B등급과 C등급은 증축의 방향이 달라진다. C등급은 수평 증축이 가능하다. 별동을 세울 수 있되 주동은 집을 옆으로만 불릴 수 있다. 예를 들어 전용 면적 59㎡짜리 아파트를 리모델링해 전용 면적 84㎡로 바꾸는 식이다. 면적은 최대 40%까지 증대할 수 있다.

안전진단에서 B등급을 받는다면 수직 증축이 가능해진다. 아파트가 더 튼튼한 만큼 더 어려운 공사가 허용되는 것이다. 단지가 14층 이하라면 2개 층 증축이 가능하고, 15층 이상이라면 3개 층 증축이 가능하다. 다만 수직 증축이든 수평 증축이든 세대수는 15%까지만 늘릴 수 있다.

재건축과 비교하면 규제가 덜한 게 리모델링의 장점으로 꼽힌다. 앞서 짚어본 다물권 관련 규정이나 조합원 지위 양도 제한이 없다. 재건축 초과 이익 환수제 같은 부담금도 존재하지 않는다.

다만 건물의 기둥을 손댈 수 없는 게 리모델링의 한계로 꼽힌다. 세대 내부의 내력벽은 철거할 수 있지만 세대와 세대 사이의 내력벽은 철거할 수 없다. 증축을 통해 평면 설계를 손보더라도 구조적 한계에 봉착할 수밖에 없는 것이다. 한때는 건설 업계의 민원이 잇

따르면서 정부가 내력벽 철거를 허용할 것이란 전망이 나오기도 했다. 하지만 이 문제는 사실상 돌아올 수 없는 강을 건넜다고 봐야 한다. 정부가 결론을 수년째 고민하는 사이 광주에서 아파트 붕괴 사고가 일어났기 때문이다. 대형 건설사가 짓던 아파트의 외벽이 공사 도중 무너져내렸다는 점에서 국내 건설 현장의 안전 불감증과 하청 등의 구조적 문제가 어느 정도 수준인지를 엿볼 수 있게 한 사고였다.

명심해야 하는 건 앞서 강조한 대로 리모델링이 재건축의 대체재, 차선책이란 점이다. 리모델링 사업을 진행하는 단지들은 대부분 재건축이 어렵거나 연한이 많이 남은 경우가 많다. 이미 법에서 허용한 용적률을 거의 꽉 채운 상태여서 재건축이 요원한 단지들도 허다하다. 용적률에 여유가 있어야 그만큼 새집을 늘릴 수 있고, 그렇게 사업성이 나와야 재건축의 동인이 된다. 하지만 그런 상황이 아니다 보니 건물이라도 일부 개량해 단지의 가치를 높이자는 게 리모델링 사업의 본질이다.

리모델링 사업의 아킬레스건은 재건축 가능성이 열렸을 때다. 1기 신도시 등의 경우처럼 특별법을 통해 꽉 막힌 용적률의 숙제를 푼다면 순식간에 재건축으로 선회할 수밖에 없다. 이땐 리모델링을 추진하던 세력과 재건축을 주창하는 세력 간 알력 다툼은 필연이다. 누가 이기고 지든 모든 전쟁은 사업 지연의 가장 큰 원인이라는 점을 잊지 말자.

지역주택조합도
재개발일까?

　새 아파트를 짓는 사업 가운데는 지역주택조합이란 유형도 있다. 조합이란 단어가 들어가기 때문에 재개발과 비슷할 것이라고 오인하기 십상이다. 하지만 완전히 다르다. 절대로 가입도 하지 말고 쳐다도 보지 말자. 원수가 있다면 그에게 소개해주자.

　지역주택조합은 본질이 봉이 김선달 같은 사업이다. 재개발과 재건축이 내 땅과 내 아파트를 두고 진행하는 사업이라면 지역주택조합은 자기 땅도 자기 집도 아니다. 물론 땅도 없고 돈도 없다. 그래서 홍보를 열심히 한다. 조합원을 모집해야 그 돈으로 아파트를 지을 수 있기 때문이다.

지역주택조합이 새 아파트를 만들어나가는 과정은 이렇다. 일단 집 지을 땅을 물색한다. 그리고 해당 지역의 토지주들의 승낙을 받는다. 땅 주인 50%에게 토지 사용에 대한 동의서를 걷게 되면 그때부터 외부 조합원을 모집할 수 있게 된다. 돈 내줄 사람들을 모집하는 것이다.

앞뒤가 잘못된 사업이다 보니 홍보는 모호하다. 모델 하우스가 존재하지만 단지명도 정해지지 않았고 사업 계획도 아직은 확정된 게 하나도 없다. 분양가만 말도 안 되게 저렴하다. 대형 건설사가 시공사로 선정됐다고 강조하지만 밑장 빼기인 경우가 태반이다. 홍보 단계에서 이름만 빌리고 실제 시공 계약이 이뤄질 땐 다른 건설사로 바뀐다. 대개 몇 군데의 건설사가 정해진 편이다.

이렇게 홍보해서 토지 사용 승낙서를 80% 이상 걷게 되면 비로소 조합을 설립할 수 있다. 토지 확보율이 95%를 넘어가면 나머지 5%에 대해선 강제로 매도 청구를 진행해 땅을 가져온다. 물론 여기까지 사업이 진행되는 경우는 많지 않다. 대부분의 사업이 토지를 제대로 확보하지 못해 좌초한다. 뜬금없이 남의 땅에 집을 지으려 한다는 데서 택지 개발과 비슷한 면이 있지만 적어도 택지는 정부가 주도로 사업을 진행한다. 그리고 책임도 진다.

재미있는 건 정작 땅 주인은 조합원이 될 수 없다는 점이다. 지역주택조합의 가입 자격에 무주택자 규정이 있기 때문이다. 하지만 조합에 해당 토지와 건물을 넘기면서 무주택자 자격을 만든 뒤 조합원이 되는 경우도 많다.

대부분의 지역주택조합은 토지 확보를 제대로 하지 못한 상태에서도 상당한 토지를 확보했다고 홍보한다. 그러나 완전한 토지 확보가 확인된 게 아니라면 아예 거들떠보지도 않는 게 좋다. 새 아파트를 싸게 주겠다며 가입금 몇 천만 원만 내라고 유인하지만 나중엔 탈퇴조차 할 수 없기 때문이다. 토지 확보가 미진하면서 사업이 길어질수록 그때그때 내야 하는 비용은 점점 늘어난다.

　　지역주택조합에 가입했더라도 30일 이내엔 철회가 가능하다. 가입한 때 냈던 돈이 아까워 망설이나련 기한이 지나가버릴 수 있다. 주식에서 손절매를 하듯 더 이상의 피해를 막기 위한 결단이 필요하다. 미래엔 수렁만이 존재하기 때문이다. 그나마 철회할 수 있는 것도 2020년 12월 11일 이후 가입한 경우에만 해당된다. 이전에 가입한 사람들이 겪었던 지옥의 대가다.

재개발, 재건축이라는
험난한 항해

　재개발, 재건축은 알면 알수록 보이는 시장이다. 그러나 많이 안다고 해서 반드시 성공하는 것도 아닌 역설적인 시장이기도 하다. 가장 먼저 들여다봐야 하는 건 사업성이다. 땅마다 그 자리에 지을 수 있는 집의 최대 크기가 정해져 있고, 웬만해선 이 기준이 변하지 않기 때문이다. 이미 허용된 크기나 밀도를 거의 채웠다면 재개발이나 재건축을 통해서 취할 수 있는 이득이 크지 않다.

　이때 헌 집이 새집으로 바뀌는 자산 가치 상승의 효과는 있다. 그러나 개발 사업의 본질은 없던 집을 만들고 그걸 팔아서 남기는 수익에 있다. 결국 아파트의 숫자 대비 조합원의 머릿수가 얼마나 되느냐, 남는 집을 얼마에 팔 수 있느냐가 사업성으로 이어지는 것이다.

　기나긴 사업 단계도 제대로 이해하고 있어야 한다. 초기 단계일수록 가격이 비교적 낮은 편이지만 그만큼 불확실하다. 대부분은 이 사업이 곧 될 것처럼 말할 것이다. 20년 전 은마 아파트도 그랬다.

분양 자격은 가장 중요한 열쇠다. 비싼 돈 주고 산 헌 집이 새 아파트로 바뀌지 않는다면 낭패 아니겠는가. 매도인의 자격에 하자가 있는 경우도 있고 애초 물건 자체에 문제가 있는 경우도 있다.

사실 더 중요한 건 운이다. 사업성 좋은 곳에 돈을 묻어 뒀다고 사업이 빨리 진행되거나 잘되지는 않는다. 재개발, 재건축은 발을 들이는 순간 배에 오른 것과 같다. 좋든 싫든 뭍에 닿을 때까진 선장, 그리고 선원들과 운명을 함께하기 때문이다. 풍랑을 만나거나 내분이 일어나면 항구엔 닿지도 못하고 난파선이 돼버리는 경우도 많다.

출항과 동시에 시간과의 싸움이 시작되는 사업이기도 하다. 물과 식량은 한정돼 있다. 다 떨어지면 서로가 서로를 잡아먹는 유령선이 될 수밖에 없다. 뛰어난 선장을 만났다고, 큰 배를 탔다고 해서 목적지까지 빠르고 안전하게 가는 게 보장돼 있지도 않다. 바람을 잘 만나길, 파도가 잔잔하길, 해적을 만나지 않길 빌 수밖에 없다. 다만 육지에 닿기만 한다면 이 모든 수고로움을 보상받을 수 있다. 마르코폴로가 봤다던 황금의 섬 그 자체기 때문이다.

PART 4

세금

부동산 세금이
어려운 이유는?

　세무 업계엔 '양포세무사'라는 말이 있다. '양도소득세(양도세) 계
산을 포기한 세무사'라는 의미다. 부동산 관련 세금을 계산하기가
얼마나 어려운지를 단적으로 보여주는 단어다. 정부가 집값 단속을
위해 세금을 올리는 과정에서 제도가 점점 복잡해진 영향이다.

　여러 가지 부동산 가운데서도 주택은 어떻게 사고파는지 그 형
태와 순서 등에 따라 세금이 천차만별이다. 투자자라면 세금에 따
라 수익률이 결정된다. 집 한 채뿐인 실수요자라도 절세 전략을 어
떻게 세우느냐에 따라 갈아타기 가능한 집의 가격이 달라진다. 사
고파는 타이밍을 제외하면 가장 많은 고민을 해야 하는 지점이 바

로 세금이다.

　그래서 부동산 관련 세금은 주택 세금을 다루던 세무사나 회계사들의 전문 영역에 가깝다. 중요도만큼 진입 장벽 또한 높다 보니 일반을 대상으로 한 절세 강연은 문전성시다. 절세법을 다룬 도서 또한 불티나게 팔려나간다. 책 한 권으로 다뤄도 모자랄 내용이지만 이번 장에선 주택과 관련된 세금의 핵심만 짚어보자.

　주택 세금은 취득과 보유, 매각의 모든 단계에 부과된다. 집을 살 땐 취득세를 내고, 보유하고 있을 땐 재산세와 종합부동산세(종부세)를 낸다. 파는 순간에도 차익이 남았다면 양도세를 내야 한다. 세목은 모두 다르지만 집이 많을수록 세금을 더 내는 중과 구조면서 가격이 높거나 차익이 클수록 더 내는 누진 구조인 게 공통점이다.

1. 취득세

　취득세는 여러 가지 부동산 관련 세금 가운데 계산이 가장 간단하다. 집을 사는 가격에 비례해 세율이 결정되기 때문이다. 그렇다 보니 다운 계약*을 하지 않는 한 사실상 세금을 줄일 수 있는 전략

● 실제 거래 가격보다 낮은 가격에 계약서를 작성하는 거래. 매도인의 거래 가격이 낮게 신고돼야 그만큼 양도세가 줄기 때문에 다운 계약을 종용하는 경우가 있다. 이때 매수인 또한 신고 가격이 낮아지는 만큼 취득세에서 이득을 보지만 향후 양도 차익이 커져 양도세에서 손해를 볼 가능성이 있다. 다운 계약의 반대로는 신고 가격을 실제 가격보다 높이는 업 계약이 있다. 대출 등에서 담보 가치를 높게 인정받기 위해 쓰이는 수법으로 모두 불법이다.

이랄 게 없다.

다른 세목과 비교하면 가장 늦게 강화된 세금이기도 하다. 과거엔 개인이 갖고 있는 주택 숫자와 관계없이 취득세를 냈지만 현재는 세대별 주택 수를 계산해 세금을 부과한다. 갖고 있는 집이 많다면 다음 집을 살 때 세금을 더 내는 중과 구조라는 의미다.

이때 세대별로 갖고 있는 주택의 범위도 최근 들어서야 범위가 확장됐다. 과거엔 분양권이나 정비 사업 입주권, 오피스텔 등을 소유하더라도 주택 수에 포함되지 않았지만 현재는 주택 수에 포함돼 세금이 중과된다. 예를 들어 아직 준공되지 않은 아파트 분양권 하나를 갖고 있는 사람이 빌라를 한 채 산다면 이미 주택을 한 채 갖고 있는 것으로 보고 두 번째 주택 취득에 대한 세금을 물린다는 의미다.

2. 보유세

취득세 다음은 보유세다. 보유세는 재산세와 종부세로 나뉜다. 재산세는 물건에 대해 부과하는 세금이다. 누가 어떤 형태로, 얼마나 갖고 있든 개별 주택에 대한 세금은 변하지 않는다.

하지만 종부세는 인별 과세면서 또한 중과세도 적용된다. 사람별로 물건 수를 따지고, 그 숫자가 많다면 세금을 무겁게 매긴다는 의미다.

집이 한 채만 있다면 종부세 때문에 허리가 휠 정도는 아니다. 하지만 집이 두 채일 때부턴 얘기가 달라진다. 앞서 강조한 대로 주택 수가 많을수록 세금이 올라가는 데다 그 집이 비쌀수록 더욱 가파르게 오르기 때문이다. 강남에 집이 두 채 있다면 기본으로 연간 1천만 원이 넘는 종부세를 각오해야 하는 수준이다.

보유하면서 숨만 쉬어도 수백, 수천만 원의 세금이 나가다 보니 절세를 위한 솔루션도 발달한 편이다. 종부세 절세의 핵심은 명의를 잘 나누는 것이다. 세대가 아닌 개인마다 집을 얼마나 갖고 있는지 따지는 인별 과세기 때문이다. 나 혼자 두 채를 갖고 있는 것보다 아내와 한 채씩 갖고 있는 게 세금이 적다. 세대 기준으로 보면 주택 수도, 가격도 변한 게 없지만 세제상 다른 공제액을 적용받고 세율도 변하기 때문이다.

종부세는 정권의 성격마다 변화가 무쌍하다. 집값을 잡기 위한 카드, 수요를 억제하기 위한 수단을 넘어 이념의 상징처럼 쓰이기 때문이다.

보통 진보 정권에선 종부세가 강화되고, 보수 정권이 들어서면 다시 무력화되는 식이다. 강화될 땐 세금 폭탄론이, 완화될 땐 부자 감세론이 득세한다. 지금 종부세가 감당하기 힘든 수준이라도 언제든 줄어들 수 있고, 얼마 안 되던 종부세가 갑자기 확 늘어날 수 있다는 의미다.

3. 양도세

양도세는 부동산 세제의 꽃이다. 종부세와 마찬가지로 인별 과세면서 중과세가 적용되는데, 이 기준이 해당 주택의 소재지마다 달라진다. 비규제 지역이라면 열 채가 있든 백 채가 있든 일반세율로 세금을 정리한다. 하지만 조정 대상 지역에선 주택의 숫자마다 다른 세율이 적용된다.

그래서 매각 전략을 세울 땐 순서기 굉장히 중요하다. 3주택 이상을 갖고 있는 다주택자의 경우 까딱했다간 최고 세율 72%로 세금을 계산해야 한다. 지방세까지 더한 실효 세율은 82.5%다. 사실상 남는 게 없는 셈이다. 똑같은 3주택이더라도 지역과 세율에 대한 차이를 고려해 순서를 조정한다면 세금을 크게 줄일 수 있는 게 바로 양도세 절세의 핵심이다.

양도세가 다른 세목과 다른 점은 비과세 규정이 존재한다는 것이다. 1주택자에 한해 적용되는 게 기본이지만 이사 갈 집을 미리 마련한 일시적 2주택자들에게도 적용된다. 그래서 여러 가지 응용이 가능한, 아는 만큼 보이는 세금이기도 하다. 중요한 건 다주택자도 최종적으론 1주택자가 된다는 점이다. 여러 채의 집 가운데 가장 세금이 많이 나올 집을 마지막에 남겨 비과세로 처분하는 게 절세의 마지막 수순인 셈이다.

하지만 실무적으론 이렇게 쉽게 해결되지만은 않는다. 종부세가 부담스럽다 보니 집을 팔아야겠는데, 팔자니 양도세율도 높아서 사면초가에 몰린 집주인들이 허다하다. 그래서 주택 임대 사업자[*]로 등록하거나 법인[**]을 만들거나, 가족에게 증여하는 전략을 택한 이들도 많다. 핵심은 '나'의 명의를 여럿으로 나누는 것이다. 이게 이른바 '똘똘한 한 채'의 근원이다.

집이 많아도 집이 커도
세금을 더 낸다고?

〔 취득세 〕

취득세는 주택 관련 세금 가운데 계산이 가장 간단하다. 뭘 더하고 뺄 것 없이 집을 사는 가격 그 자체가 과세표준이고 여기에 세율만 대입하면 되기 때문이다. 다만 주택을 매입하는 형태나 주택의 숫자에 따라서 다른 세율 체계를 적용한다.

취득은 집을 갖게 되는 형태에 따라 유상취득과 무상취득, 원시취득으로 나뉜다. 말 그대로 돈을 주고 사게 되면 유상취득, 증여 등으로 얻게 될 경우 무상취득, 직접 짓게 될 경우 원시취득으로 분류된다. 재개발, 재건축 원조합원들의 경우 원시취득에 해당된다.

유상취득은 같은 집이라도 취득 가격에 따라 다른 세율이 적용된

과세표준		취득세	지방교육세	농어촌특별세
6억 이하		1.00%	0.10%	
6억 초과 9억 이하	6.5억	1.33%	0.1~0.3%	전용 면적 85m² 초과 시 0.2%
	7억	1.67%		
	7.5억	2.00%		
	8억	2.33%		
	8.5억	2.67%		
	9억	3.00%		
9억 초과		3.00%	0.30%	
원시취득(신축), 상속●		2.80%	1.16%	0.20%
무상취득(증여)		3.50%	0.30%	

● 무주택 가구가 주택을 상속받은 경우 0.8% 세율 적용   (출처: 행정안전부)

다. 6억 원 이하일 땐 1%, 6억 원 초과~9억 원 이하 구간은 1~3%, 9억원 초과 구간은 3%다. 원래는 4-2처럼 복잡한 산식이 적용된다. 하지만 인터넷에서 취득세 계산기를 통해 간단하게 계산해볼 수 있기 때문에 굳이 일일이 계산해볼 필요는 없다.

4-2 취득세 계산법

$$\left(\text{취득가액} \times \frac{2}{3억\ 원} - 3 \right) \times \frac{1}{100}$$

넓은 집이라면 세금을 조금 더 낸다. 전용 면적 85m^2를 넘는 집에만 농어촌특별세(농특세)가 과세되기 때문이다. 그리고 고급 주택이

4-3 취득세 중과세율

구분	유상취득				무상취득 (3억 이상)
	1주택	2주택	3주택	4주택~법인	
조정 대상 지역	1~3%	8%	12%	12%	12%
비조정 대상 지역	1~3%	1~3%	8%	12%	3.5%

(출처: 행정안전부)

라면 이렇게 계산된 세율에 8%를 더해 세금을 낸다. 여기서 고급 주택이란 연면적 $245m^2$(복층은 $274m^2$)를 넘는 아파트니 빌라가 해당된다.

그런데 여기까지는 집이 한 채일 때 얘기다. 두 번째 집을 살 때부턴 다른 세율 체계가 적용된다. 앞서 표 4-1이 표준세율이었다면 표 4-3은 중과세율이다. 다주택자와 법인에게 적용된다.

중과세율은 주택 숫자에 따라 8%와 12% 등 무지막지한 세율이 부과된다. 핵심은 해당 주택이 조정 대상 지역에 있느냐, 아니냐다. 청약에서 잠깐 살펴봤던 조정 대상 지역의 개념은 부동산 세제에서 세목마다 빠지지 않고 등장한다. 일반 지역과 규제 지역을 구분하는 가장 중요한 개념이기 때문이다.

취득세 중과는 조정 대상 지역에서 두 번째 집을 살 때 8%, 세 번째 집엔 12% 형태로 세율이 점점 오른다. 다만 조정 대상 지역이 아닌 곳에선 한 채의 여유가 더 있다. 두 번째 집을 살 때도 1~3%의 세율이 적용되고 3주택일 땐 8%, 4주택일 때가 돼서야 12%의 세율이 적용된다. 법인이라면 몇 번째 집이든 12%의 세율이다.

그런데 조정 대상 지역에서 취득하는 세 번째 집이면서 고급 주택이라면 어떨까? 이땐 12%의 중과세율에 더해 고급 주택 취득세율 8%가 추가로 붙는다. 그래서 집을 살 땐 자신의 주택 수와 해당 주택의 소재지, 면적을 제대로 파악해야 한다. 여기서 주택 수는 세대를 기준으로 따진다. 세목마다 주택 수의 기준이 다르기 때문에 반드시 기억해둬야 한다.

집이 있는데
오피스텔을 또 산다면?

[취득세]

앞서 살펴본 대로 부동산 세금을 계산할 때 주택의 숫자가 굉장히 중요하다. 세율의 체계를 달라지게 하는 요인이기 때문이다. 이때 계산이 복잡해지는 문제가 오피스텔이다. 오피스텔은 주택일까 아닐까?

이 책의 첫 장에서 우리는 오피스텔을 공부하며 준주택이란 개념을 배웠다. 주택은 아니지만 주택처럼 쓸 수 있는 형태의 건물. 그래서 오피스텔도 있는가 하면 아파트와 오피스텔을 합친 아파텔도 등장하지 않았던가.

그런데 이 오피스텔이 청약에선 주택 숫자에서 제외되지만 세금

4-3 취득세 중과세율 (앞 표와 동일)

구분	유상취득				무상취득 (3억 이상)
	1주택	2주택	3주택	4주택~법인	
조정 대상 지역	1~3%	8%	12%	12%	12%
비조정 대상 지역	1~3%	1~3%	8%	12%	3.5%

(출처: 행정안전부)

에선 그렇지 않다. 법률상 주택은 아니지만 주거의 용도로 쓰고 있다면 주택과 똑같이 분류한다. 주거의 용도로 쓰고 있는지는 주택분 재산세를 내는지에 따라 판단한다.

그렇다면 집 한 채와 주거용으로 사용하는 오피스텔을 갖고 있는 사람이 또 한 채의 집을 사려 한다면 취득세는 얼마일까? 주택+사실상 주택을 가진 상황에서 세 번째 집을 사는 것이기 때문에 표 4-3에 대입해보면 조정 대상 지역에서 12%, 비조정 대상 지역에서 8%의 세율이 부과된다.

이번엔 반대로 집 두 채를 이미 갖고 있는 사람이 오피스텔을 취득한다면 어떨까? 이땐 해당 오피스텔을 주거용으로 사용할 것인지, 상업용으로 사용할 것인지 확정되지 않은 상태이기 때문에 지역과 관계없이 4%의 세율이 부과된다. 주택의 유상 매매에 따른 중과세율이 아니라 오피스텔의 본래 성질, 건물의 취득세율이 부과되는 것이다.

재산세와 종부세는
뭐가 다를까?

[보유세]

일단 집을 사면 숨만 쉬어도 세금이 나간다. 그게 바로 보유세다.
그리고 여러 가지 명목으로 떼간다. 재산세와 종합부동산세라는 이
름으로.

재산세와 종부세는 같은 듯 다른 세금이다. 재산세는 지방세인
반면 종부세는 국세, 즉 나라에서 걷는 세금이다. 원래 뿌리는 재산
세의 하나였다. 하지만 참여정부에서 진통 끝에 종부세가 탄생했
다. 이중 과세 논란이 있었지만 폭등하는 집값을 잡기 위해 도입이
강행됐다. 출신 성분부터 집값과 밀접하다 보니 정권마다 부동산
안정화를 위해 종부세를 구원투수로 활용해왔다. 그러다 집값이 안

정되면 다시 세제를 느슨하게 풀어두는 식이다.

재산세는 모든 주택에 부과된다. 그리고 건별로 부과된다. 한 사람이 한 채를 갖고 있든 열 채를 갖고 있든, 또 어떤 형태로 소유하고 있든 개별 주택의 세금이 변하지 않는다. 종부세는 '매운맛 재산세'에 가깝다. 모든 주택에 부과되지는 않지만 그 세금이 무겁다.

그리고 집이 많은 사람일수록 세금이 무거워진다. 갖고 있는 모든 집의 가격을 더해 여기에 맞는 세율을 다시 따지는 구조기 때문이다. 뉴스나 기사에서 세금 폭탄이란 수식어가 따라다니는 건 십중팔구 종부세를 말할 때다.

재산세와 종부세를 이해하기 위해선 공시가격의 개념을 알아야 한다. 나라에서 해마다 한 차례 개별 주택에 대한 가격을 정해 발표하는 게 바로 공시가격이다. 매년 1월 1일의 시세를 기준으로 산정해 3~4월에 결정한다. 아파트의 경우 시세의 70% 안팎에서 공시가격이 결정된다. 주로 감정 평가사들이 이 업무를 담당하기 때문에

4-4 재산세율

과세표준	표준세율 (공시가격 9억 초과·다주택자·법인)	특례세율 (공시가격 9억 이하 1주택자)
0.6억 이하	0.10%	0.05%
1.5억 이하	6만 원+0.6억 초과분의 0.15%	3만 원+0.6억 초과분의 0.1%
3억 이하	19.5만 원+1.5억 초과분의 0.25%	12만 원+1.5억 초과분의 0.2%
5.4억 이하	57만 원+3억 초과분의 0.4%	42만 원+3억 초과분의 0.35%
5.4억 초과		—

※ 별장 4% (출처: 행정안전부)

정부가 감정한 가격의 개념으로 이해하면 편하다. 한국감정원 앱을 통해 우리 집뿐 아니라 다른 아파트의 공시가격도 조회할 수 있다.

이 공시가격에 공정시장가액비율(60%)을 곱하면 표 4-4의 과세표준이 산출된다. 과세표준에 세율을 대입하면 세액이 나온다. 세액을 결정하는 두 요소 가운데 공시가격은 전년도의 집값 변동에 따라 결정되고, 공정시장가액비율은 정부가 그때그때 조절한다. 세율은 법을 고쳐야 하기 때문에 국회 동의가 필요하지만 공정시장가액비율은 시행령으로 결정하는 사항이기 때문에 행정부에서 바로 손볼 수 있다.

재산세 계산은 이렇게 간단하다. 문제는 종부세다. 보유세를 둘러싼 정쟁이 그치지 않는 이유는 열이면 열 종부세 때문이다. 도입될 때부터 징벌적 성격이 있었던 데다 계산법도 복잡하고 세액도 무시무시하다.

앞서 봤던 표 4-4의 재산세율을 표 4-5의 종부세율과 비교해보

4-5 종부세율

과세표준	일반세율		중과세율	
	개인	법인	개인	법인
3억 이하	0.6%		1.2%	
6억 이하	0.8%		1.6%	
12억 이하	1.2%	3.0%	2.2%	6.0%
50억 이하	1.6%		3.6%	
94억 이하	2.2%		5.0%	
94억 초과	3.0%		6.0%	

(출처: 국세청)

면 귀엽다는 생각마저 든다. 종부세율은 그 단위가 다르다. 재산세 최고 세율이 0.4%였던 것과 달리 종부세의 최고 세율은 6%다.

그리고 종부세는 일반세율과 중과세율로 나눠져 있다. 일반세율이란 1주택자와 비조정 대상 지역 2주택자까지 적용되는 세율이다. 비조정 대상 지역이지만 3주택 이상이거나 조정 대상 지역에서 2주택 이상일 경우 중과세율이 적용된다. 여기서 주택의 숫자는 개인이 기준이다. 취득세에서 세대 기준으로 봤던 것과 달리 종부세는 인별로 주택 수를 따진다. 인별 과세의 개념이 종부세 절세의 핵심이기도 하다.

종부세는 과세표준을 구하는 과정도 재산세보다 복잡하다. 재산세의 경우 공시가격에 공정시장가액비율 60%를 곱하면 바로 과표가 구해졌다. 하지만 종부세는 공시가격에서 공제액을 차감한 뒤 공정시장가액비율을 곱한다. 공제액은 기본이 6억 원이고, 1세대 1주택일 때만 11억 원°이 적용된다. 법인의 경우 공제액이 없다.

만약 공시가격 15억 원짜리 아파트를 보유한 1세대 1주택자라면 공시가격에서 11억 원을 빼고 남은 4억 원에다 공정시장가액비율 60%를 곱한 2억 4천만 원이 과세표준인 셈이다. 여기 맞는 일반세율은 0.6%, 최저 종부세율이다.

- 종부세는 인별 과세지만 공제액을 11억 원으로 상향해 적용해줄 때만 세대 기준으로 주택 수를 따진다. 이때의 1주택은 단독명의일 때만 해당된다. 남편과 아내가 한 채씩 가진 경우 인별로는 각자 1주택이지만 세대 기준 2주택이기 때문에 공제액은 11억 원이 아닌 기본 공제 6억 원이 적용된다. 1세대 1주택이지만 남편과 아내가 공동명의로 소유하고 있는 경우도 마찬가지다.

같은 조건에서 공시가격이 10억 원이라면 종부세를 아예 내지 않는다. 공시가격이 공제액(11억 원)보다 낮기 때문이다. 1주택자라면 공시가격 11억 원이 될 때까지는 종부세를 내지 않는다는 말이 여기서 나왔다.[**] 공시가격 11억 원이면 시세로는 15억 원 안팎의 아파트에 해당한다.

이번엔 다주택자의 경우를 보자. 조정 대상 지역에 공시가격 15억 원짜리 아파트 두 채를 갖고 있을 경우 합산 공시가격은 30억 원이 된다. 여기서 공제액을 빼줘야 하는데, 이땐 11억 원이 아닌 6억 원을 빼준다. 다주택자기 때문이다. 공제액을 빼고 남은 24억 원에 다시 공정시장가액비율 60%를 곱해주면 과세표준은 14억 4천만 원이란 계산이 나온다. 조정 대상 지역 2주택자기 때문에 3.6%의 중과세율이 적용된다. 멍텅구리 계산으로 5,100만 원이 넘는 세액이 나온다.[***] 표엔 넣지 않았지만 누진공제액 2천여 만 원을 빼면 종부세액은 3천만 원이 나온다.

이게 종부세다. 재산세였다면 각각의 주택에 대해서 따로 계산했겠지만 종부세는 모든 집의 가격을 합산해서 누진적으로 세금을

[**]   정확하게 짚고 넘어가자면 '종합부동산세법'은 주택분 재산세를 내는 모든 사람을 종부세 납세 의무자로 규정하고 있다. 재산세를 냈다면 종부세도 내야 한다. 공시가격이 낮다고 해서 처음부터 종부세 납세 의무가 없었던 게 아니라 공제액을 대입해보니 납부할 세액이 0원이 되는 개념이다. 종부세가 개편될 때 조문의 구성에 따라 공제 규모에 대한 해설도 달라지기 때문에 이 개념을 반드시 기억해두자.

[***]   정확한 종부세 계산은 구간별 누진공제와 재산세 이중 과세분 공제, 전년 납부분 대비 세부담 상한 등을 한꺼번에 따져봐야 한다. 하지만 이 글은 종부세의 개념만을 짚어보기 위한 것으로, 구체적인 후속 계산을 생략했다.

매긴다. 이름부터 종합부동산세지 않는가. 집을 처분하지 않거나 집값이 뚝뚝 떨어지는 게 아니라면 이 정도의 세금을 매년 내야 하는 것이다.

질투의 경제학

종부세는 부동산 관련 세금 가운데 가장 논란이 큰 세목이다. 타깃이 명확하기 때문이다. 비싼 집을 가진 사람을 겨냥한 세금이다. 최근 들어선 집을 많이 가진 사람까지 범위가 확장됐다. 그래서 종부세는 사실상의 부유세 성격을 가진다. 이 세금을 완화하는 일 또한 부자 감세 논란을 사는 일이기 때문에 손보기 여간 까다로운 게 아니다. 그래서 가장 정치적인 세금이기도 하다.

종부세 도입이 논의되기 시작한 건 참여정부 시절이던 2003년이다. 김수현 당시 청와대 국민경제비서관*과 조윤제 당시 청와대 경제보좌관**이 밑그림을 그렸다. 고가 부동산에 대한 보유세를 강화해야 한다는 목적에서다.

지방세로 재산세를 걷고 있었기 때문에 국세인 종부세 신설은 이중 과세에 대한 논란에 부딪혔다. 실현되지 않은 이익에 대한 과세라는 점에서도 비판이 만만치 않았다. 하지만 노무현 전 대통령의 의지는 확고했고, 결국 2005년 1월 1일 종합부동산세법이 국회를 통과하면서 종부세가 탄생했다.

---

* 문재인 정부에서 청와대에 복귀해 정책실장까지 올라 부동산 정책을 주관했다.
** 현 한국은행 금융통화위원.

MB정부 들어서인 2008년엔 세제에 큰 변화가 있었다. 강만수 당시 기획재정부 장관은 종부세를 질투의 경제학으로 규정하면서 과세 기준을 높이고 세율은 낮췄다. 공시가격에 대입해 과세표준을 공제하는 공정시장가액비율도 이때 도입됐다.

그해 11월엔 헌법재판소가 세대별 합산 과세 방식이 위헌이라고 결정하기도 했다. 지금의 종부세가 부부의 주택을 합산하지 않고 따로 따지는 인별 과세 구조인 이유다. 집값까지 하락하던 시기여서 이 같은 세금 완화 정책이 더욱 환영을 받았다. 종부세가 없어지진 않았지만 사실상 무력화됐던 것이다.

종부세가 다시 개편된 건 문재인 정부 들어서인 2017년부터다. 양도세 중과를 부활시킨 뒤에도 집값이 잡히지 않자 결국 보유세 강화 카드를 꺼낸 것이다. 다주택자를 대상으로 한 중과세율이 도입됐고, 최고 세율은 2.0%에서 3.2%로 올랐다. 그래도 집값이 잡히지 않자 2020년엔 다주택자의 최고 세율을 6.0%로 인상하는 파격적인 개편안을 꺼냈다.

종부세 계산의 근간이 되는 공시가격 인상 작업도 병행됐다. 통상 공시가격은 집값의 60~70% 수준에 형성되는데, 이를 가격 구간별로 시세의 80%까지 점진적으로 끌어올리는 계획을 발표한 것이다. 집값이 오르지 않더라도 공시가격의 시세 반영 비율이 높아진다면 세금은 오르는 셈이다.

무기로 활용된 종부세는 결국 윤석열 정부 들어서 하나둘 완화에 들어갔다. 정권이 바뀔 때마다 정책이 죽 끓듯 바뀌니 애꿎은 납세자만 혼란을 겪을 뿐이다.

대수술 예고된 종부세

언급한 것처럼 종부세는 정권의 입맛 따라, 집값의 오르내림에 따라 강도가 바뀐다. 사실 역대 최고로 강력했던 시기는 이미 지나갔다. 공제액 상향과 공정시장가액비율 조정으로 이미 일부 완화된 상태다. 정부에선 이미 2022년 정기 세법개정안을 통해 종부세 조정안을 내놨다.

조정안의 핵심은 중과세율 폐지다. 일반세율과 중과세율로 구분돼 있던 세율 체계를 하나로 합친 것이다. 전반적인 세율도 기존 최고 세율과 비교하면 절반 가까이 내려갔다. 집이 얼마나 많고 적은지는 따지지 않고 가격만을 보겠다는 이야기다. 공제액도 끌어올리겠다는 게 정부의 목표다. 6억 원인 기본 공제는 9억 원으로, 11억 원인 1주택 공제는 12억 원으로 상향하는 게 조정안의 내용이다.

조정안이 실현 가능할지는 국회에 달렸다. 공제액과 세율을 조정하는

4-6 종부세 조정안

과세표준	종부세율	
	개인	법인
3억 이하	0.5%	
6억 이하	0.7%	
12억 이하	1.0%	
25억 이하	1.3%	2.7%
50억 이하	1.5%	
94억 이하	2.0%	
94억 초과	2.7%	

(출처: 기획재정부)

건 국회 동의를 받아야 하는 법 개정 사항이기 때문이다. 정부가 종합 대책에서 못박았던 세법 개정이 국회에 막혀 관철되지 않는 경우는 왕왕 있다. 정부안이 국회의 문턱을 넘는다면 종부세가 바뀌는 것이고, 넘지 못한다면 앞서 살펴본 기존 종부세 체계가 적용된다는 점을 유념하자.

아내와 남편,
명의마다 세금이 달라진다고?

[보유세]

종부세 절세의 핵심은 결국 명의 분산과 인별 공제액 활용이다.
같은 집이라도 소유하고 있는 형태에 따라 세액이 달라질 수 있기
때문이다.

공제액 11억 = 1억

4-7 1주택 단독명의

공시가격이 12억 원인 집을 남편이 단독명의로 갖고 있다고 해
보자. 벌써 기억이 가물해졌겠지만 앞서 우리는 1주택 공제액이

11억 원이라고 배웠다. 남은 1억 원에 공정시장가액비율 60%을 대입해보면 과세표준은 6천만 원, 이를 통해 산출된 세액은 36만 원이다. 수천만 원짜리 세금을 언급하다 36만 원이 튀어나오니 조금 귀엽긴 하다. 하지만 중, 대형 자동차의 자동차세가 이 정도라는 점을 떠올려보면 이마저도 내긴 아깝다.

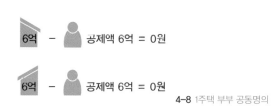

4-8 1주택 부부 공동명의

종부세를 아예 내지 않기 위해선 아내를 활용하면 된다. 부부 공동명의다. 남편이 지분 절반을 갖고 있고 아내도 지분 절반을 갖고 있다고 해보자. 공시가격이 12억 원이었으니 이를 절반씩 쪼개면 남편과 아내 모두 6억 원씩 갖고 있는 셈이다. 여기서 공제액을 빼야 하는데, 11억 공제는 단독명의일 때만 가능하다고 했으니 6억 원만 공제받을 수 있다. 그런데 6억 원을 남편과 아내 모두 공제받을 수 있다. 종부세가 인별 과세라서 공제도 인별로 적용되기 때문이다.

앞서 살펴본 대로 남편 단독명의라면 공제액을 11억 원까지 적용받을 수 있지만 공시가격을 모두 '퉁' 치지는 못한다. 하지만 부부가 사이 좋게 나눠 갖고 있다면 개인별 공제액은 줄더라도 6억

+6억 형태로 12억 원까지 공제가 되는 셈이다. 각자 공시가격 6억 원에서 공제액 6억 원을 빼니 남편과 아내 모두 내야 할 종부세가 0원이 된다. 그러니 아내를 믿자.

다만 부부 공동명의는 집을 처음 취득할 때부터 설정해두는 게 좋다. 나중에 명의를 바꾸기 위해선 결국 그만큼의 지분에 대한 증여세가 발생하는 데다, 단독명의로 소유하고 있는 동안 쌓여가던 보유 기간이나 연령에 대한 공제®가 초기화될 수 있기 때문이다.

처음부터 공동명의로 집을 소유하고 있었다면 향후 종부세를 납부할 때 단독명의 방식 납부와 공동명의 방식 납부 중 선택할 수 있다. 단독명의 방식 납부의 경우 보유 기간과 연령에 대한 세액공제가 가능하고, 공동명의 방식의 경우 6억+6억 형태로 과세표준에 대한 공제를 극대화할 수 있다.

1주택자뿐 아니라 다주택자도 부부 사이에서 명의를 분산하는 게 유리할 때가 있다. 예컨대 남편 혼자 서울에 2주택을 보유하고 있다면 중과세율이 적용되지만, 남편과 아내가 1주택씩 나눠 가진다면 각자 일반세율로 정리하기 때문에 집안 전체의 세금 출혈이 줄어든다.

남편이 조정 대상 지역 1주택과 비조정 대상 지역 2주택 등 총 3주택을 갖고 있다고 해보자. 이때도 남편 단독명의라면 세 채의

- 1주택자는 해당 주택을 보유한 지 5년 이상일 때부터 쌓이는 보유 기간 공제와 만 60세 이상일 때부터 쌓이는 연령 공제를 합산해 최대 80%까지 세액 공제가 가능하다.

공시가격을 모두 더하면서 중과세율을 적용받는다. 하지만 아내에게 비조정 대상 지역 주택 한 채를 넘긴다면 어떨까? 남편은 조정 대상 지역 1주택+비조정 대상 지역 1주택 형태로 일반세율을 적용받고, 아내 또한 비조정 대상 지역 1주택으로 일반세율을 적용받게 된다.

물론 명의를 나누는 전략은 면밀한 시뮬레이션이 필요하다. 증여는 공짜가 아니다. 조정 대상 지역에서 공시가격 3억 원 이상의 주택을 증여한다면 이를 받는 사람은 높은 취득세를 내야 한다. 증여 취득세율이 12%이기 때문이다. 유상 매매를 할 때 중과되는 취득세의 최고 구간과 같은 수준이다. 또 부부 사이의 증여 공제 한도 6억 원을 넘긴 금액에 대해선 증여세를 내야 한다. 증여 비용이 앞으로 줄일 수 있는 보유세액, 매각할 때의 아낄 수 있는 양도세액보다 크다면 절세 효과는 없다.

보유세를 아예
안 내는 방법은?

보유세를 안 내는 가장 확실한 방법은 한 가지다. 그 집을 팔아버리는 것. 그런데 재산세든 종부세든 연례행사처럼 내야 하는 세금이다. 1년 중 특정한 날을 정해두고 그날을 기준으로 소유했는지 여부를 따져 과세한다는 의미다. 우리는 그날을 과세기준일이라고 부른다.

과세기준일은 매년 6월 1일이다. 이날을 기준으로 집을 소유하고 있는 사람이 재산세와 종부세를 낸다. 사자마자 보유세를 내게 됐다거나, 집값 상승분의 이익을 조금도 취하지 않았다거나, 이 같은 복잡한 사연은 통하지 않는다. 폭탄 돌리기처럼 무조건 이날을 기준으로 소유한 사람이 낸다.

보유세를 내지 않으려는 매도인의 입장에서 생각해보면 과세기준일이 오기 전인 5월 31일까지 매각을 마쳐야 한다. 반대로 매수인의 입장에선 6월 2일은 되고 나서 거래해야 1년치 보유세를 뒤집어쓰지 않을 수 있다.

그래서 주택 시장에선 2~3월께부터 과세기준일을 피하기 위한 매물이 나오곤 한다. 잔금까지 몇 달의 여유를 둬야 하기 때문에 늦어도 이맘때까지 매물을 내놓는 것이다. 매수인에게 보유세를 전가시키려는 매물인 만큼 가격엔 일정한 수준의 절충이 들어가 있다. 그래서 이를 절세 매물이라고 부른다.

중요한 건 매매가 완료되는 시점이다. 초봄부터 거래를 시작했어도 6월 1일을 넘겨 거래가 끝났다면 매수인이 보유세를 부담해야 한다. 거래의 종결은 잔금일과 소유권이전등기일 중 빠른 날을 기준으로 한다. 다시 말해 매도인은 5월 31일까지 잔금을 받거나 등기를 넘겨야 보유세를 내지 않을 수 있다는 의미다.

집이 많아도
못 파는 이유는?

[양도세]

집을 살 때도 세금을 냈고 갖고 있을 때도 세금을 냈으니 팔 때도 세금을 내야 하지 않을까? 그렇다. 양도세의 차례다.

양도세는 부동산 세금의 꽃이다. 가장 복잡하고, 경우의 수 또한 가장 많다. 세율 또한 다른 세목과 비교도 되지 않을 정도로 높다. 그래서 부동산 투자자들의 마지막 관문이기도 하다. 양도세를 줄이지 못한다면 번 만큼 뱉어내야 한다. 물론 돈을 벌지 않는다면 양도세도 내지 않는다. 어려운 건 돈을 벌면서 양도세도 내지 않는 방법이다.

양도세의 본명은 양도소득세다. 거래(양도)를 통해 차익(소득)이

과세표준	기본세율	누진공제액
1,400만 원 이하	6%	—
5,000만 원 이하	15%	108만 원
8,800만 원 이하	24%	522만 원
1.5억 원 이하	35%	1,490만 원
3억 원 이하	38%	1,940만 원
5억 원 이하	40%	2,540만 원
10억 원 이하	42%	3,540만 원
10억 원 초과	45%	6,540만 원

● 표 4-9는 2023년부터 적용될 예정인 소득세율을 기반으로 작성했다.　　　　　(출처: 국세청)

생겼다면 세(세금)를 내란 의미다. 이름에서처럼 소득세가 기본에 깔려 있기 때문에 세율 체계도 똑같다. 하찮아서 잊고 지내는 우리의 월급, 즉 근로소득도 이 체계가 기반이다. 종부세에서 살펴봤던 것처럼 누진 구조라는 게 특징이다.

만약 과세표준이 8천만 원이라면 1,400만 원까지는 6% 세율로, 1,401만 원부터 5천만 원까지는 15%의 세율로, 그 이상은 24%의 세율로 계산하는 게 누진세율의 계산식이다. 물론 아무도 이렇게 복잡하게 계산하지 않는다. 누진공제액을 활용한 간편식이 있기 때문이다. 8천만 원에 24%의 세율을 곱한 뒤 누진공제액 522만 원을 빼주면 된다. 여기까지는 순한맛이다.

주택의 양도세가 무겁고 무서운 건 중과세율 때문이다. 잘 쓰이지 않는 단어지만 중과(重課)는 무겁게 매긴다는 뜻이다. 특정 조건

구분	세율
조정 대상 지역 2주택자	기본세율＋20%포인트
조정 대상 지역 3주택자	기본세율＋30%포인트
분양권	보유 기간 1년 미만: 70% 보유 기간 1년 이상: 60%
1년 미만 보유 주택·입주권	70%
1년 이상~2년 미만 보유 주택·입주권	60%
2년 이상 보유 주택·입주권	기본세율
미등기 양도주택	70%

(출처: 국세청)

을 충족하는 이들에겐 일반세율이 아니라 특별히 무거운 세금을 매긴다. 조정 대상 지역의 다주택자들이 해당된다.

양도세의 중과세율은 앞서 살펴본 취득세나 종부세의 중과세율보다 극단적이다. 주택 수에 따라 기본세율에 최고 30%포인트를 더하는데, 이론상 일반세율 45%＋중과세율 30%＝75%의 세율이 가능하다. 지방세까지 더한 실효세율은 80%를 넘어간다. 이 정도의 세율이라면 사실상 파는 게 손해인 셈이다. 조정 대상 지역의 다주택자들을 향해 집을 팔아도 세금으로 다 뜯어갈 예정이니 처음부터 아예 살 생각도 하지 말란 의미에서 도입됐다.

서울 등 조정 대상 지역에 집을 여럿 갖고 있는 다주택자들이 선불리 차익을 실현하지 못하는 이유도 양도세가 너무 무서워서다. 계속 보유하고 있자니 사실 보유세도 만만치 않다. 그래서 양도세 중과는 종부세처럼 정권마다, 부동산 시장 상황마다 도입과 폐지를 반복하는 제도기도 하다. 다만 해당 주택 소재지가 조정 대상 지역에서 해제되는 순간 이 중과세 또한 눈 녹듯 사라진다.

지역과 관계없이 양도세 중과 자체가 유예되는 경우도 있다. 주로 부동산 거래가 경색될 때 일정 기간을 정해두고 조건부 등의 형태로 양도세를 중과하지 않는다. 조정 대상 지역에서 거래하더라도 일반세율로 양도세를 내는 셈이다. 통상 중과 유예는 중과 폐지의 수순으로 이어진다.

다주택자라고 해서 무조건 중과세율로 양도세를 계산하는 건 아니다. 조정 대상 지역만 아니라면 다주택자의 집이라도 중과세율이 아닌 기본세율이 적용된다. 다만 보유 기간을 2년도 채우지 않고 팔면 60~70%의 높은 세율이 부과된다. 이걸 단기양도세율이라고 한다. 단기양도세율은 누진세율이 아닌 단일세율이다.

앞서 짚어본 누진공제라는 개념 없이 과세표준에다 60~70%의 세율을 곱한 것만으로 세액이 결정된다는 의미다. 그래서 주택을 사고팔 땐 최소 2년 후의 상황을 염두에 둬야 한다. 당장 평가액이 올랐다고 해서 주식처럼 오늘내일 사고팔 수 있는 게 아니기 때문이다.

양도세를
아예 안 내는 방법은?

[양도세]

부동산 세제의 공통점은 다주택자에게 엄격한 반면 1주택자에겐 관대하다는 것이다. 일정 조건을 갖춘 1주택자는 양도세를 내지 않는 비과세가 가능하다. 다소 어폐가 있지만 통상 '비과세를 받는다'고 표현한다.

양도세 비과세는 1세대 1주택자[*]가 집을 팔 때 그 양도가액이 12억 원 이하라면 적용된다. 간단하게 12억 원까지는 세금을 내지

● 양도세는 종부세처럼 인별 과세가 기본이지만 비과세를 따질 때에 한해 세대 기준으로 1주택 여부를 판단한다.

않는다고 이해하면 편하다. 물론 조건은 있다. 해당 주택을 보유한 기간이 2년 이상이어야 한다. 양도세는 보유 기간에 따라 세액이 줄어드는 구조를 가지는데, 그 출발 시점이 2년이다. 2년 이상 보유했던 집을 12억 원 이하에 판다면 차익이 얼마든 세금을 낼 필요가 없는 셈이다.

만약 조정 대상 지역의 주택이라면 2년 보유만으론 비과세가 안 된다. 이땐 보유 기간 말고도 거주 기간 2년을 갖춰야 한다. 요약하자면 규제 지역의 집은 단순히 보유하는 것 외에도 실기주 조건을 갖춰야 비과세를 해준다는 것이다. 2년 보유+2년 거주 형태의 조건이다. 부동산을 거래하면서도 직접 거주하지는 않는 갭투자자들에겐 비과세 혜택을 주지 않겠다는 정부의 의지기도 하다. 일단 2년 동안 거주했다면 다른 곳에 나가 살더라도 해당 주택의 비과세 요건은 유효하다.

그런데 양도가액이 비과세 한도인 12억 원을 조금 넘긴 13억 원이라면 어떻게 될까? 12억 원을 비과세 처리한 뒤 나머지 1억 원을 차익으로 보고 여기에 대해 세금을 계산할까? 비과세의 개념에 대해 가장 많이 오해하는 게 이 지점이다.

4-11 양도세 계산법

$$\text{양도차익} \times \frac{\text{양도가액} - 12\text{억 원}}{\text{양도가액}}$$

산식 4-11에서 양도차익이란 파는 가격에서 산 가격을 뺀 값이다. 이 집을 8억 원에 샀다고 가정하면 양도가액 13억 원에서 8억 원을 뺀 5억 원이 양도차익이다.[•]

4-12 양도차익 반영

$$5억\ 원 \times \frac{13억\ 원 - 12억\ 원}{13억\ 원}$$

이를 반영한 산식이 4-12다. 산식대로 계산하면 3,800여 만 원이 나온다. 이게 양도소득금액이다. 여기서 기본공제 250만 원과 누진공제 108만 원을 뺀 3,442만 원에 세율 15%를 반영한 양도세액은 516만 원가량 나온다. 13억 원짜리 집을 팔면서 내는 세금이 500만 원대란 이야기다.

여기서 끝이 아니다. 집을 오래 보유했다면 양도차익에서 장기보유특별공제(장특공제)를 빼주기도 한다. 장특공제란 보유 기간에 비례해 세액을 깎아주는 개념이다. 일반 장특공제는 15년 보유 시 최대 30%가 적용된다.^{••} 하지만 1주택자의 경우 최대 80%까지 적용된다. 다만 표 4-13처럼 보유 기간과 거주 기간을 따로 계산한다.

• 실제 양도세 계산에선 취득세 납부 비용 등 필요 경비가 취득가액에 반영된다.

•• 15년 최대 30%의 장특공제는 다주택자에게도 적용된다. 하지만 조정 대상 지역에서 중과세율을 적용받는 다주택자에겐 해당되지 않는다.

4-13 장특공제

구분		3년~	4년~	5년~	6년~	7년~	8년~	9년~	10년~
공제율	보유 기간	12%	16%	20%	24%	28%	32%	36%	40%
	거주 기간	12% (8%●)	16%	20%	24%	28%	32%	36%	40%
	합계	24% (20%●)	32%	40%	48%	56%	64%	72%	80%

● 보유 기간이 3년 이상(12%)이고 거주 기간이 2년 이상~3년 미만(8%)인 경우 합산 공제율 20% 적용

(출처: 국세청)

만약 4년 동안 거주 및 보유했던 집을 파는 경우라면 합산 공제율은 32%가 된다. 5억 원의 양도차익에서 32%인 1억 6천만 원을 빼면 3억 4천만 원이 된다. 이 금액을 양도차익으로 보고 다시 세금을 계산하는 것이다. 양도세액은 더욱 줄어들 수밖에 없다.

장특공제 활용법을 감안하자면 결국 집은 오래 갖고 있다가 팔수록 세금이 감소한다. 그리고 1주택이라면 12억 원의 비과세 한도까지 활용할 수 있다. 집을 갖고 있는 사람이라면 누구나 할인 카드 한 장은 손에 쥐고 있는 셈이다. 언제 어떤 물건에 쓰는지에 따라 할인율과 금액이 달라질 뿐이다.

규제 지역이었다가 풀린 경우엔

중과세율 같은 패널티는 조정 대상 지역의 규제를 받냐 아니냐에 따라 갈라진다. 문제는 조정 대상 지역이 지정과 해제를 반복한다는 점이다. 규제 지역이었다가 해제된다면 어떤 기준이 적용될까?

비과세의 경우엔 무조건 취득 당시 어떤 지역이었는지를 따진다. 해당 주택을 취득할 때 조정 대상 지역이었다면 2년 거주 및 보유 조건을 모두 갖춰야 비과세가 가능하다. 팔기 전에 조정 대상 지역에서 해제되더라도 말이다.

예를 들어 1년 전 조정 대상 지역인 A시에서 아파트를 샀는데 마침 오늘 A시가 조정 대상 지역에서 해제됐다고 가정해보자. A시는 조정 대상 지역이 아니기 때문에 1주택자가 비과세를 받으려면 2년 보유 조건만 갖추면 된다. 하지만 나는 A시가 조정 대상 지역일 때 취득했기 때문에 현재 비규제 여부와 별개로 2년의 거주+2년 보유 요건을 갖춰야 비과세를 받을 수 있다.

반대로 비조정 대상 지역일 때 산 집이라면 거주 의무 없이 2년 보유만으로 비과세를 받는 기준이 계속 적용된다. A시가 조정 대상 지역에서 해제된 오늘 아파트를 샀다면 나중에 A시가 다시 조정 대상 지역으로 지정되더라도 2년의 거주 기간을 추가로 채울 필요 없이 보유 조건만으로 비과세가 가능하다는 의미다.

다만 중과세를 판단할 땐 반대다. 중과세는 무조건 양도 당시 어떤 지역인지를 따진다. 해당 주택을 취득할 땐 조정 대상 지역이었더라도 양도 당시 규제가 풀렸다면 중과세가 적용되지 않는다. 반대로 아무런 규제도 없을 때 집을 샀지만 조정 대상 지역으로 지정된 이후 매각한다면 다주택 중과세를 적용받는다. 요약하자면 비과세는 취득 당시의 규제 여부, 중과세는 매각 당시의 규제 여부에 따라 세금이 달라진다.

집이 두 채인데
한 채로 봐준다고?

[양도세]

양도세를 살펴보면서 1주택자는 비과세가 가능하지만 다주택자는 중과세를 적용받는 점을 배웠다. 그런데 다주택자이면서 비과세로 집을 정리하는 사람들도 있다. 이런 사람들을 일시적 2주택자라고 한다.

일시적 2주택은 선의의 피해자를 막기 위한 특례의 개념이다. 이사를 가기 위해 새집을 마련했는데 졸지에 다주택자가 돼 기존 집을 팔 때 무거운 세금을 물게 된다면 거주 이전의 자유를 막게 될 수 있기 때문이다. 그래서 새집을 사고 나서 일정 기간 안에 기존 집을 팔면 실제론 2주택 상태더라도 1주택자와 똑같이 취급해주는 게 일시적 2주택의 핵심이다.

이때 인정되는 일정 기간은 3년이다. 신규 주택을 취득한 지 3년 안에 종전 주택을 매각한다면 앞서 살펴본 1주택 규정을 적용해준다. 물론 제한은 있다. 일시적 2주택을 투기에 활용하는 것을 막기 위해 종전 주택과 신규 주택의 취득 시점엔 1년 이상 차이가 나야 한다. 기존 집을 산 지 1년도 지나지 않아 새집을 또 샀다면 먼저 산 집을 팔 땐 비과세가 적용되지 않고 일반세율만 적용된다.

규제를 받는 곳에선 일시적 2주택 기한이 원래보다 짧게 적용된다. 앞서 일반 지역은 3년이 적용됐지만 조정 대상 지역은 2년이 적용된다. 새집을 샀다면 2년 안에 기존 집을 팔아야 그 집에 대한 비과세가 가능한 것이다. 집값 상승기엔 이 기한이 1년까지 줄어들기도 하기 때문에 절세 사례와 전략을 살펴볼 땐 시점에 유념할 필요가 있다.

일시적 2주택은 상속이나 혼인 등의 사유에 대해서도 적용된다. 예컨대 이미 집을 한 채 보유하고 있던 상황에서 부모님이 돌아가시면서 그 집을 상속받게 될 경우 기존 주택을 매각할 땐 1주택 비과세가 가능하다.

앞에서 짚어봤던 대로 혼인 합가로 인해 2주택이 된 경우도 마찬가지다. 1주택을 보유한 사람끼리 결혼해 1세대 2주택이 됐다면 먼저 매각하는 집에 대해선 결혼한 날로부터 5년까지 비과세가 적용된다. 이렇게 한 채를 팔고 남은 한 채에 대해선 원래부터 1세대 1주택 비과세가 적용되는 만큼 사실상 두 채를 모두 비과세로 팔 수 있게 되는 셈이다.

일시적 2주택의 개념 자체는 간단하다. 그러나 1주택 비과세와 엮인 데다 취득과 매각의 순서에 따라 다양한 응용이 가능하기에 판단이 애매모호한 경우가 많다.

집 두 채의 일시적 2주택뿐 아니라 세 번째 집과 첫 번째 집의 일시적 2주택이나 연속적인 일시적 2주택 사례도 흔하다. 두 번째 집을 과세로 매각한 경우 첫 번째 집과 세 번째 집 사이에 일시적 2주택 요건이 성립한다거나, 일시적 2주택 비과세를 통해 1주택이 된 상황에서 다시 집을 한 채 사들이고 종전 주택을 비과세로 파는 경우 등이다. 그래서 일선 세무사들이 가장 많이 다루는 절세 상담 사례기도 하다. 그리고 1주택자도 반드시 활용하게 되는 절세 방법이다.

집을 파는 순서에 따라
세금이 달라진다고?

[양도세]

　3주택자가 집을 모두 정리해야 하는 상황이라고 해보자. 세금이 무거운 건 어쩔 수 없다. 하지만 조금이라도 세금을 줄여야 한다면 어떻게 해야 할까? 이땐 지금까지 살펴본 내용들을 잘 조합해야 한다. 순서만 조절해도 세액이 달라지기 때문이다.

　마지막에 팔아야 하는 집이 어떤 집인지를 파악하는 게 급선무다. 먼저 다주택자라도 1주택 비과세가 가능해서다. 일시적 2주택 기간에 걸친 집이 있을 수도 있고, 아니라고 해도 어차피 마지막에 파는 집은 1주택 상태에서 팔기 때문에 비과세를 받을 수 있다. 비과세는 한도가 높은 데다 장특공제를 활용하면 효과를 극대화할 수 있다.

결국 차익이 가장 큰 집을 1주택 상태에서, 즉 마지막에 팔아야 한다. 통상 다주택자 본인이 거주하는 집의 차익이 가장 큰 경우가 많다. 또 규제 지역이라면 어차피 거주 조건까지 갖춰야 비과세가 성립한다.

그렇다면 가장 먼저 팔아야 하는 집은 뭘까? 차익이 적은 집이다. 3주택 중과세율은 기본세율＋30%포인트이고, 2주택 중과세율은 기본세율＋20%포인트다. 중과세율이 높은 구간에서 차익이 적은 집을 팔아치워야 그만큼 내야 할 세금도 줄어든다.

4-14 이상적인 절세 시나리오

조정 대상 지역인 서울과 수도권에 A, B주택, 비조정 대상 지역인 지방에 C주택까지 총 3주택을 보유하고 있다고 해보자. 그리고 평가 차익은 A, B, C순이라고 가정해보자. 이 상황에서 차익이 가장 큰 A주택을 먼저 판다면 어떨까. 3주택 중과세율(일반세율＋30%포인트)로 가장 비싼 집을 정리하게 되는 셈이다. B주택을 가장 먼저 팔게 된다면 A주택을 팔 때보다 세금은 줄어들게 되더라도 적용되는 세율은 3주택 중과세율로 똑같다.

그러나 C주택을 먼저 판다면 상황이 달라진다. 조정 대상 지역이 아닌 곳의 주택이기 때문에 중과세율이 아닌 일반세율로 매각이 가능하다. 적용되는 세율이 낮을 뿐더러 해당 주택의 차익도 가장 적기 때문에 세금 또한 가장 적게 나온다.

이렇게 일단 2주택을 만들었다면 A주택이든 B주택이든 한 채는 2주택 중과세율(일반세율+20%포인트)을 적용받고 매각해야 한다. 기왕 중과세율을 적용받는 것이라면 되도록 차익이 적은 B주택을 파는 게 유리하다.

그리고 마지막 남은 A주택에 대해선 1주택 비과세와 장특공제를 최대한 활용한다. 차익이 가장 큰 주택인 만큼 세금을 줄일 수 있는 수단도 가장 많이 동원해야 하는 것이다. 비과세와 장특공제를 받기 위해선 거주 요건을 갖춰야 하는 만큼 사전에 여기에 맞춘 주거지 선택도 필요하다.

놀랍게도 과거 청와대 요인도 이 같은 전략을 썼다. 다주택이란 게 문제가 되자 서울과 지방의 집을 모두 팔았는데, 지방의 집부터 처분한 뒤 1주택 상태를 만들고 서울 아파트에 대해선 비과세로 정리한 것이다.

이렇게 보면 다주택자는 상대적으로 수요가 적은 지방의 주택을 먼저 던질 수밖에 없다. 그리고 자신이 살고 있는, 주거 수요가 가장 높은 곳의 주택을 마지막까지 들고 있을 수밖에 없다. 세제가 그렇게 규정하고 있기 때문이다. 집값 변곡점이 오는 시기에 외곽 지역부터 흔들릴 수밖에 없는 이유다.

다주택자여도 양도세가
중과되지 않는다고?

[양도세]

다주택자가 갖고 있는 집이라고 해서 모든 집이 주택 수에 포함되거나 중과세율로 계산되는 건 아니다. 세법엔 다양한 예외가 존재한다. 다주택자라고 해도 아래의 예외 조건을 갖춘 주택이 있는 경우라면 절세 전략의 폭이 넓어진다.

우선 주택 수에도 포함되지 않고 중과세율도 적용되지 않는 집이 있다. 수도권과 광역시, 특별자치시가 아닌 곳에 있는 집이면서 공시가격 3억 원을 넘지 않는 주택이 해당된다. 이 같은 집이 포함된 경우 실제로는 3주택이더라도 나머지 집을 팔 때 2주택 기준으로 세금을 적용해준다. 또한 해당 집을 매각할 때도 중과세율이 아닌 일반세율로 세금을 계산한다.

　주택 수엔 포함되지만 중과세율은 적용되지 않는 집도 있다. 이를 중과배제 주택이라고 한다. 대표적인 중과배제 주택이 장기 임대 주택이다. 임대 사업자가 5년 이상 임대한 집을 장기 임대 주택으로 분류한다. 임대 사업자의 존폐를 둘러싼 혼란과 관계없이 기존에 임대 사업자로 등록했던 이들의 혜택은 여전히 유효하다. 이들의 임대 주택이 의무 임대 기간을 끝내고 시장으로 나올 땐 중과배제 주택이 되는 것이다. 의무 임대 기간이 집중적으로 끝나는 시기는 2020년대 중후반이다.

　이 밖에 정부가 지정한 기간 동안 취득한 미분양 주택이나 신축 주택*, 상속 주택 등이 중과배제 주택에 해당된다.

● 미분양 주택이나 신축 주택과 관련한 세금 감면 조항은 '조세특례제한법'을 통해 대상과 기간이 구체적으로 정해진다. 이들 주택에 대해선 조건에 따라 양도세 중과배제뿐 아니라 양도세 자체가 면제되거나 감면되는 경우가 많다. 주택 경기가 바닥을 찍을 때 이 같은 혜택이 나오기 때문에 눈여겨볼 필요가 있다.

세무 상담을 잘 받으려면

부동산 전문 세무사들은 고객들이 숨기는 게 너무 많다고 어려움을 토로한다. 본인을 도와주기 위해 상담하는 것인데 취조하듯 물어봐야 정확한 정보를 찔끔찔끔 말해준다는 것이다.

상담받는 이들은 대부분 개별 물건 하나의 절세 솔루션이 필요하다. 이 때문에 자신의 상황이나 재무적인 여건에 대해선 세무 대리인에게도 제한적인 정보를 제공하는 경우가 많다. 하지만 지금까지 우리가 살펴본 것처럼 부동산 세금은 내가 어디에 집을 갖고 있고, 언제 샀고, 얼마에 샀는지를 일일이 따져봐야 한다. 같은 조건이라도 일정 기간에만 부여된 특례가 적용될 수 있고 매각하는 순서에 따라서도 세금이 달라지기 때문이다.

자신에게 다른 집이 있는지 없는지조차 모르는 경우도 예사다. 덜컥 비과세 플랜대로 진행했다가 잊고 있던 오피스텔이 튀어나오면서 수억 원의 세금을 내야 했던 불행한 사례도 있다. 이때의 책임 공방 또한 세무사들이 굉장히 피곤해 하는 일이다.

절세를 위해선 전투가 아닌 전쟁을 준비하듯 전략을 짜야 한다는 게 부동산 전문 세무사들의 조언이다. 우선 전쟁에서 이기기 위해선 모든 전략과 무기가 동원돼야 한다. 세무 대리인에게 숨김없이 패를 보여줘야 한다는 의미다. 상속 때문에 분쟁이 있다면 형제간의 친소관계까지 터놔야 한다. 그리고 한두 번의 전투에서 지는 것은 중요하지 않다. 전쟁을 이기기 위해 대승적 차원의 희생을 감수할 때도 있기 때문이다.

예를 들어 당장은 큰돈을 들여 증여를 하게 되더라도 나중엔 그 증여 때문에 세금을 크게 줄이게 될 수도 있다. 이 같은 수순의 큰 그림을 그리기 위해선 세무 대리인이 당신의 모든 것을 알아야 한다.

손해 본 집을 함부로
팔면 안 되는 이유는?

(양도세)

양도세는 날짜만 잘 골라도 세금이 불거나 줄어든다. 기간 과세라는 특징이 있기 때문이다. 기간 과세란 매년 1월 1일부터 12월 31일까지 발생한 차익과 차손을 종합적으로 따진다는 의미다. 그렇다면 손해를 본 부동산과 차익을 본 부동산의 상계 처리도 가능할까? 그렇다. 이걸 통산이라고 한다.

주택을 처분하면 통상 양도 시점으로부터 2개월 안에 예정 신고를 하게 된다. 하지만 이때 개별 물건에 대해 신고하는 게 양도세 계산의 끝은 아니다. 매년 5월 31일 소득세 확정 신고를 하면서 전년도 양도세를 다시 계산한다. 차손과 차익을 상계 처리하는 것도 이 과정에서다.

문제는 매각 시점이다. 손해를 본 부동산은 작년에 팔고, 이익을 본 부동산은 올해 팔았다면 두 차손과 차익은 상계되지 않는다. 앞서 강조한 대로 당해 연도만 해당되는 기간 과세기 때문이다. 이렇게 시점을 나눠서 팔게 될 경우 손해는 손해대로 보고 세금은 세금대로 내는 셈이다.

손해를 본 부동산을 절세의 보물로 변모시키려면 차익 실현 시기에 맞춘 매각 계획이 필요하다. 신고도 중요하다. 보통 양도차손이 발생한 거래에 대해선 실무적으로 양도세 예정 신고를 하지 않는 경우가 많다. 차익이 없기 때문에 미신고에 대한 가산세도 없어서다. 하지만 나중에 양도차익을 본 부동산과 통산하려면 양도차손에 대한 신고가 선행돼 있어야 한다.

같은 맥락에서 차익을 남긴 부동산은 해를 넘겨 파는 게 유리하다. 한 해에 몰아서 팔게 될 경우 그만큼 과세표준이 오르고, 덩달아 세율도 오를 수밖에 없기 때문이다. 비슷한 시기에 매각해야 할 수밖에 없는 상황이라면 연말과 연초의 형태로 물리적 시간은 좁히되 장부상 계산은 나눠지도록 하는 게 현명하다.

부자들은
왜 증여를 할까?

[증여세]

　상속과 증여를 구분하지 못하는 경우가 많다. 상속이 누군가의 사망으로 재산이 이전되는 것이라면 증여는 살아 있는 동안 무상으로 재산을 이전하는 행위다. 주택 보유세와 양도세가 모두 오르자 자산가들이 선택한 대안이기도 하다. 명의를 나누면서 당장의 세금을 줄일 수도 있고, 동시에 자연스럽게 부를 이전할 수도 있다. 증여를 한번 거치면 장부상 취득가액이 올라가기 때문에 양도차익을 줄여 결과적으론 양도세를 아끼는 효과도 볼 수 있다.

　증여는 동일인에게 10년 동안 받은 지분이나 금액을 모두 합산해 계산한다. 1억 원어치의 지분을 한 번에 증여받든 100만 원씩

증여자	배우자	직계존속	직계비속	기타 친족
공제 한도액	6억 원	5천만 원(미성년 자녀 2천만 원)	5천만 원	1천만 원

(출처: 국세청)

100차례에 걸쳐 받든 내야 할 세금은 똑같다는 의미다.

그리고 이 증여 재산에 대한 공제는 배우자 6억 원, 성인 자녀는 5천만 원, 미성년 자녀는 2천만 원, 기타 친족은 1천만 원이다. 다시 말해 배우자에게 증여할 땐 6억 원까지 증여세가 없고, 성인 자녀는 5천만 원까지 세금 없이 증여가 가능하다는 의미다. 이 증여 재산 공제 기간도 10년이다.

올해 아내에게 아파트 지분 6억 원을 증여하면서 증여세를 면제받았다면 10년 지나야 다시 6억 원의 비과세 한도가 초기화된다는 개념이다. 보유세를 아끼기 위해 부부 공동명의 등의 전략을 짤 땐 이처럼 한도가 넉넉한 배우자 공제를 활용해 증여한다.

4-16 증여세율

과세표준	세율	누진 공제액
1억 원 이하	10%	—
5억 원 이하	20%	1천만 원
10억 원 이하	30%	6천만 원
30억 원 이하	40%	1.6억 원
30억 원 초과	50%	4.6억 원

(출처: 국세청)

증여세 계산은 어렵지 않다. 증여하려는 재산의 가격에서 증여재산공제를 빼면 과세표준이다. 여기에 바로 세율을 대입하면 끝이다.

증여는 받는 사람, 즉 수증자의 입장에서도 고려해야 할 지점이 많다. 자녀에게 증여할 땐 더욱 그렇다. 부부는 동일인으로 보기 때문에 아버지가 증여하든 어머니가 증여하든 10년 이내의 증여 재산을 모두 합쳐서 계산한다.

아버지가 아들에게 아파트를 증여했는데 아들이 그 증여세를 치를 돈이 없는 상황이라고 해보자. 어머니가 아들에게 증여세를 내라고 현금을 보내주면 아파트 증여가액과 합산해 높은 세율의 증여세를 물게 되는 것이다. 이땐 차라리 증여가액이 합산되지 않는

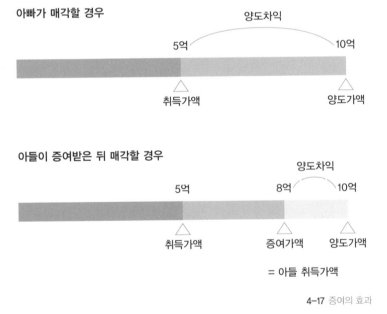

4-17 증여의 효과

조부모가 현금을 보내주는 게 유리하다.

증여의 가장 큰 효과는 부동산의 취득가액을 높이는 부분이다. 만약 아버지가 5억 원에 샀던 집을 아들에게 8억 원에 증여한다고 해보자. 아들이 나중에 이 집을 팔 땐 취득가액을 8억 원으로 친다. 아버지가 10억 원에 판다면 차익 5억 원에 대한 세금을 계산하지만, 아들이 10억 원에 판다면 차익 2억 원에 대한 세금만 계산하는 셈이다. 물론 증여일로부터 일정 기간* 안에 팔면 이월과세 규정을 적용해 아버지의 취득가액으로 환산해 세금을 계산한다.

● 이월과세 적용 기간은 2022년까지 5년, 2023년부터 10년이다.

Q50

빚도 함께
증여해야 하는 이유는?

(증여세)

증여는 재산만 넘길 수 있는 게 아니다. 빚도 넘길 수 있다. 재산
과 빚을 함께 증여하면 부담스러운 증여세를 줄일 수 있다. 부담을
함께 지운다고 해서 이를 부담부증여라고 한다.

부담부증여는 전세 보증금이나 대출 같은 채무를 끼고 증여하는
방식이다. 일반적인 증여와 이름이 다른 만큼 세금을 계산하는 방법
또한 다르다. 5억 원짜리 부동산을 넘길 때 이 가운데 2억 원이 채무
라면 그만큼은 양도세로 계산하고, 나머지 3억 원에 대해선 증여세
로 계산한다. 양도세가 중과될 땐 부담부증여를 실행하기 어렵지만
중과가 유예되거나 없어지는 경우라면 증여의 기회가 될 수 있다.

부부라면 더욱 부담부증여를 검토하는 게 유리할 수 있다. 앞서 살펴본 대로 부부 증여는 10년 동안 6억 원이 공제되기 때문이다. 위의 5억 원짜리 부동산을 넘기는 상황이라면 증여세로 계산해야 할 3억 원에 대해선 부부 공제를 적용해 아예 세금을 내지 않는다. 나머지 2억 원에 대해선 양도세를 계산한다. 중과세율이 유예되거나 적용되지 않을 때 일반세율을 적용하고 장기보유특별공제도 받을 수 있다.

물론 이는 이해를 돕기 위한 간단한 계산일 뿐이다. 실제 부담부증여는 취득가액을 역산하는 등 다소 복잡한 과정을 거친다.

같은 사례에서 해당 아파트의 취득가액은 4억 원, 전세 보증금은 3억 원(전세가율 60%)이라고 가정해보자. 채무분에 대한 양도세를 계산할 땐 전세가율을 반영해 남편의 취득가액을 2억 4천만 원(4억 원의 60%)으로 간주한다. 이 금액과 보증금의 차액 6천만 원에 대해 양도세를 매기는 식이다.

강조한 대로 증여의 마법은 보유와 매각 단계에서 빛을 발한다. 증여를 통해 주택의 명의를 나누게 되면 앞으로 내야 할 보유세도 줄어든다. 종부세는 주택 수가 많고 가격이 높을수록 세율도 오르는 구조인데, 부부더라도 따로 세금을 계산하는 인별 과세라는 게 중요하다. 매각 단계에서 취득가액을 높이는 효과는 앞서 짚어봤다.

세법은 결코 단편적이지 않다. 아주 부분적인 개정조차 유기적으로 다른 세제에 영향을 미친다. 이때 발생하는 틈에서 종종 기회가 만들어지기도 한다. 기회는 공부하는 자에게만 보인다.

최고수들의 영역,
세금

부동산 세금은 투자자와 실수요자 모두 공부가 필요한 영역이다. 세제를 모르면 집값이 오르더라도 정작 이익은 줄어들 수 있기 때문이다.

복잡한 세제에서 가장 중요한 건 각기 다른 세대 합산과 인별 과세 개념을 이해하는 것이다. 집이 많을수록 패널티를 부여하지만 그 기준이 조금씩 다르기 때문이다.

취득세의 경우 중과 여부를 결정할 때 주택 수를 세대 합산으로 따진다. 그러나 종부세에선 인별 과세, 즉 개인 기준이다. 다만 종부세 공제액을 추가로 적용받을 수 있는 1주택의 기준은 세내 합산이다. 부부가 각자 명의로 한 채씩 소유하고 있다면 각자 1주택 세율을 적용받을 수 있지만 세대 기준으론 2주택이기 때문에 1주택 추가 공제는 불가능하다는 의미다. 공제액을 따질 때만 세대 기준이 적용된다.

양도세도 비슷하다. 인별 과세지만 주택 수는 세대로 따진다. 다만 종부세와 달리 1주택 여부를 따질 때만 세대 합산을 하진 않고 다주택 중과를 따질 때도 세대 내의 주택 수를 센다. 이때의 인별 과세란 명의자 각자의 과세표준을 따로 구한다는 의미다.

부동산 세제는 최고수들의 영역이라 봐도 무방하다. 그만큼 어렵기도 하고 모든 내용을 다 꿰고 있는 이들도 거의 없다시피 하다. 우리 또한 앞으로 발생할 세금과 관련한 대부분의 일은 세무 대리인을 통해 처리하게 될 것이다.

그렇다고 개념조차 파악하지 않으려 한다면 돈을 걷어차는 것과 마찬가지다. 매입 단계부터 정밀하게 계산된 절세 전략이 수천, 수억 원의 차이를 가져오기 때문이다. 세무 대리인들은 세금과 관련한 난관을 해결해주지 때마다 전략을 세워주진 않는다. 당연히 공짜도 아니다. 부동산에 손을 대겠다면 세금 공부를 반드시 해둬야 하는 이유다.

인생 첫 부동산 공부

1판 1쇄 발행 2022년 12월 8일
1판 6쇄 발행 2024년 6월 7일

지은이 전형진

발행인 양원석 편집장 차선화 책임편집 차지혜
디자인 김유진, 김미선 영업마케팅 윤우성, 박소정, 이현주, 정다은, 유민경

펴낸 곳 ㈜알에이치코리아
주소 서울시 금천구 가산디지털2로 53, 20층 (가산동, 한라시그마밸리)
편집문의 02-6443-8862   도서문의 02-6443-8800
홈페이지 http://rhk.co.kr
등록 2004년 1월 15일 제2-3726호

ISBN 978-89-255-7715-9 (03320)